Die beliebtesten

KNEIPENSPIELE

Gilbert Obermair

NEFF

Neff ist ein Imprint der
Verlagsunion Pabel-Moewig KG, Rastatt

Umschlaggestaltung: Werbeagentur Zeuner, Ettlingen
Illustrationen: Jack Botermans; © by Edit International, Hilversum
Druck und Bindung: Elsnerdruck, Berlin
Printed in Germany 1994
ISBN 3-8118-5854-8

Inhalt

An Stammtisch und Theke

Gemütliche, kleinere Wirtshäuser und Schenken bezeichnet man gemeinhin mit dem niederdeutschen Wort »Kneipe« (»knipe«, ursprünglich »Klemme«, frühere Bedeutung »Gefängnis«). Dort stehen weder feine Kochkunst noch stilvolles Essen im Mittelpunkt der Gastlichkeit, sondern das anregende Gespräch, die ungezwungene Geselligkeit und die Entspannung, die sich ergibt, wenn man dazu das eine oder andere Gläschen hebt. In diesen heimeligen Stuben gibt man sich gerne am Stammtisch oder an der Theke dem uralten Zeitvertreib des Spielens hin.
Das Spielmaterial ist schnell zur Hand: Würfel, Bierdeckel, Münzen, Streichhölzer, Spielkarten, Zigaretten, leere und volle Gläser. Damit läßt sich eine Unzahl kleiner, schneller Glücks- und Taktikspiele durchführen, aber auch so manche derbe Kalauer und originelle Trickwetten. Viele Kneipenspiele haben nämlich nur ein Ziel: den lästigen Vorgang des Bezahlens zu vereinfachen. Der Erfindungsgeist mancher Stammgäste kennt keine Grenzen, wenn es darum geht, ein Opferlamm zu finden, das die nächste Runde bezahlt.
Psychologen und Verhaltensforscher sehen derartige Vorgänge natürlich viel nüchterner. Für sie sind Trinkspiele eine Folge von rituellen Transaktionen, die sich alle um ein bestimmtes Sachgebiet (hier: das Trinken) drehen und die in erster Linie das Ziel haben, ein bestimmtes Zeitintervall zu strukturieren (das heißt, sich die Zeit zu vertreiben). Teile dieser Transaktionen dienen auch dazu, sich so etwas wie eine wechselseitige Anerkennung zu verschaffen. Und daraus entsteht ein sozialer Selektions-Prozeß.
Denn während ein Zeitvertreib im Gange ist, schätzt jeder Beteiligte intuitiv die in den anderen Personen vorhandenen Möglichkeiten ab. Am Schluß einer Party etwa hat jeder Teilnehmer auf diese Weise bestimmte »Mitspieler« ausgewählt, die er gern wiedersehen möchte. Sie sind dann seine Kandidaten für komplexere Beziehungen, nämlich Spiele im psychologischen Sinne, wie sie Eric Berne (»Spiele der Erwachsenen«) so genau beobachtet und so originell beschrieben hat.

Der Kneipenspieler macht das alles weitgehend unbewußt, und das ist gut so. Sonst würden wohl Spontaneität und Spielfreude darunter leiden. Allerdings sollte er sich dessen bewußt sein, daß es bei manchen Spielen physische und rechtliche Grenzen gibt. Es liegt mir jedoch fern, hier vor so manchen Auswüchsen warnend den Zeigefinger zu heben. Schließlich sind wir ja alle erwachsene Menschen und wissen, was wir zu tun und zu lassen haben. Oder?
Im Zweifelsfall genügt ein Blick in die ferne Vergangenheit. Wenn nämlich die alten Sumerer ihre ur-alten Spielchen machten, bei denen jeweils der Verlierer eine Runde zu bezahlen hatte, was machten sie dann? Sie ließen ihren Streitwagen vor der Kneipe stehen und nahmen sich einen Miet-Streitwagen. Und wenn die alten Ägypter »auf Gewinn« spielten, dann achteten sie genau auf die gesetzlichen Bestimmungen und verwendeten dann, wenn das Spiel zur Gewohnheit wurde, anstelle der Goldpiaster handliches Spielgeld aus Papyrusstäbchen. Bierdeckel und Streichhölzer kannten sie nämlich noch nicht.

1

Hoch die Tassen

Die ersten Trinkspiele

Wie der Stamm und seine Äste, so der Wirt und seine Gäste. Waldemar, der Pächter von der kleinen Kneipe nebenan, macht da keine Ausnahme. Wie ein König thront er hinter seiner Theke, umsichtig zapft er sein Bier, einfühlsam geht er auf seine Gäste ein. Grob wird er nur dann, wenn einer in seinem Lokal Krach schlägt. Auf den ersten Blick sieht man ihm nicht an, daß er sechs Semester Philosophie auf dem breiten Buckel hat.
»Raffinierte Thekenspiele willst du kennenlernen?« fragt er mich. »Erst einmal mußt du wissen, wie die Menschen überhaupt zu ihren Trinksitten gekommen sind: Die ersten Trinkspiele entstanden nämlich aus kultischen Anlässen. Die alten Griechen und Römer weihten ihre Trankopfer dem Dionysos oder dem Bacchus. Die alten Germanen leerten das erste Horn dem Andenken Verstorbener. Die Sitte – oder Unsitte? –, einen Gast mit einem Humpen Bier oder Wein zu ehren, verbreitete sich vom mittelalterlichen Deutschland aus als ›Willkomm-Trunk‹ in alle europäischen Länder.
Wenn es um's Essen und Trinken, Musizieren und Singen, Tanzen und Lieben geht, nehmen alkoholische Getränke seit Jahrtausenden bei nahezu allen Völkern der Erde eine wichtige Rolle ein. Und am Rande gab es seit jeher sportliche Wettkämpfe, derbe Späße und wunderliche Bräuche, die den Begriff des ›Spielens‹ einschließen oder ihm zumindest sehr nahe kommen. Trink doch noch ein Gläschen und hör mir ein halbes Stündchen zu, dann erzähl ich dir, wie es bei den Studentenverbindungen zugegangen ist!«

Kommers und Kneipe

Der erste »Bierorden« wurde 1409 von Johann ohne Furcht, dem Herzog von Burgund, gegründet. Dieser sogenannte »Hopfenorden« tagte einmal wöchentlich und huldigte dem heiligen Gambrinus. An Hoftagen diente ein Bierfaß als Thron, ein Bierhumpen als Zepter und ein Hopfenkranz als Krone.
Daraus entstand das Saufzeremoniell der Studentenverbindungen, wie es im »Bierkomment« beschrieben wird.
Dort ist genau geregelt, wie Stiftungsfest und »Kommers« mit Gesang, Unterhaltung und Umtrunk zu gestalten sind. Dort findet man auch Regeln für die »Kneipe«, eine etwas freiere Form der Zusammenkunft, die durch Bierzeitungen, Fuchsenulke, Bierspiele, Biermessen und Rundgesänge aufgelockert wird. Bis hin zum »Bierverschiß«, wo der »Bierfuchs« – ein Student des 1. Semesters – dazu verdonnert wird, abgestandenes Bier zu trinken.

Salamander

Der »Salamander« wird zu Ehren eines »Alten Herren« oder eines anderen Studenten – meist bei seinem Abgang – »gerieben«. Die Gläser werden gefüllt und dann zu den Worten »Salamander – Salamander« im Kreis auf der Tischplatte herumbewegt, bis vom Senior das Kommando »Eins!« ertönt. Nach einer kleinen Pause wird wieder gerieben bis zum Kommando »Zwei!«. Nach einer weiteren Pause wird bis »Drei!« gerieben und anschließend das »Quantum« bis zur »Nagelprobe« geleert. Die Gläser dürfen aber erst nach dem Kommando »Vier!« auf den Tisch gesetzt werden.
Beim Reiben müssen die Deckel der Krüge offen, in den Pausen aber geschlossen sein. Wer dagegen verfehlt, oder wer zu früh reibt oder zu spät trinkt, muß »nachexerzieren«.

Ordnungsgemäßes Saufen

In einer Schrift aus dem 17. Jh. über das Zech- und Saufrecht wird genau beschrieben, wie man zu trinken hat: »Die Form, Manier und Weiß zu trinken, wird erkannt und unterschieden aus dem Trinken selbst. Und seind vornemlich zween *Modi* oder zwo *Manieren* als *Totalis* und *Partialis*. Die erste als *modus bibendi totalis* wird genennet, und ist derselbe, wenn man das *contentum*, das ist Wein, Bier und was dergleichen Getränk seyn mag, bis auf den Grund herauszeucht und trinket, und solches geschieht entweder *continue*, das ist ohne einig wiederholten Athem auf einmal und auf einen Zug, oder aber *discontinue*, das ist mit wiederholtem Athem und nach und nach. *Continue* wird entweder *Floricos* verrichtet oder *Hausticos*. *Floricos* trinken heißt und ist soviel, als nämlich den Rand des Gefäßes mit den Lefzen des Mundes ringsherum umgeben und mit einem Sturm den zugebrachten Getränk in die Gurgel schütten, daher denn aus Widertrieb des Athems kleine Bläslein auffahren, welche die Unsern *Flores*, zu teutsch Blümlein oder Röslein zu nennen pflegen. *Hausticos* wird aber getrunken, wenn man auf eine gemeine (einfache) Weise alles ohne wiederholten Athem herauszeucht.«

Runda-Lieder

Hoffman von Fallersleben teilt folgendes mit:
»Wie sie denn ein sonderlich hatten, da das Glas auf drei Schlägen mußte ausgesoffen sein, und ›Runda‹ lautete also:

> Es saß ein feines Mägdelein, hum-hum,
> auf einem grünen Gräselein, hum-hum,
> es pflückte schöne Blümelein
> und macht daraus ein Kränzelein, hum-hum.

Beim ersten ›hum-hum‹ mußte der da trank absetzen und das ›hum-hum‹ selbst sagen, also auch bei dem andern und dritten, da das Glas ganz geleert sein mußte.«

Besentanz

Ein alter Studentenbrauch, bei dem man ganz schön naß werden kann, ist der »Besentanz«. Ein volles Glas – ein Eimer Wasser tut's auch – wird an die Decke gehalten und mit einem Besenstiel nach oben gedrückt. Derjenige, der dieses Kunststück vorführen möchte oder muß, nimmt den Besen in die eine Hand und bekommt ein zweites volles Glas in die andere Hand. Nun kann es losgehen, auf Wunsch auch mit Musikbegleitung.
Die Aufgabe des Künstlers ist es, dreimal rund um den Besen zu gehen und dabei das zweite Glas auszutrinken, ohne daß das erste Glas – oder der Eimer – herunterfällt. Also eine Aufgabe für Schwindelfreie bzw. für solche, die noch nicht zuviel getrunken haben.

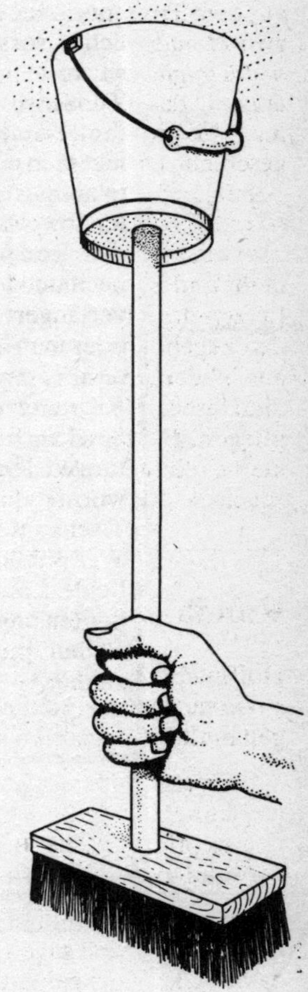

Holzwurm

Die Leute heutzutage sind zu unsportlich, um mit dem Besen zu tanzen, meint Waldemar. Ja nicht einmal zum »Flaschendrehen« können sie sich entschließen. Also muß man ihnen etwas Gemütliches vorsetzen, wie beispielsweise den »Holzwurm«.

Zunächst schüttet man den Inhalt von zwei oder drei Streichholzschachteln auf den Tisch, dann legt man ein Hölzchen parallel zu einer Tischkante als Startpunkt in die Mitte. Nun legen die Spieler abwechselnd je ein Hölzchen an eines der beiden Enden des »Holzwurms« an, der dadurch nach und nach immer länger wird. Entweder man verlängert die Linie des vorherigen Hölzchens oder man bildet einen rechten Winkel dazu. Wurde aber erst einmal mit diesem Winkel eine zweite Richtung eröffnet, darf man bei den weiteren Spielzügen nur noch in eine dieser beiden Richtungen legen. So windet sich also unser »Holzwurm« mit mehr oder weniger Zickzacks den Tischkanten zu. Und dann wird es spannend.

Wer schließlich nicht mehr anlegen kann, weil beide Enden der Streichholzkette an den Tischkanten angelangt sind oder sogar darüber hinausstehen, muß nämlich die nächste Runde Bier bezahlen.

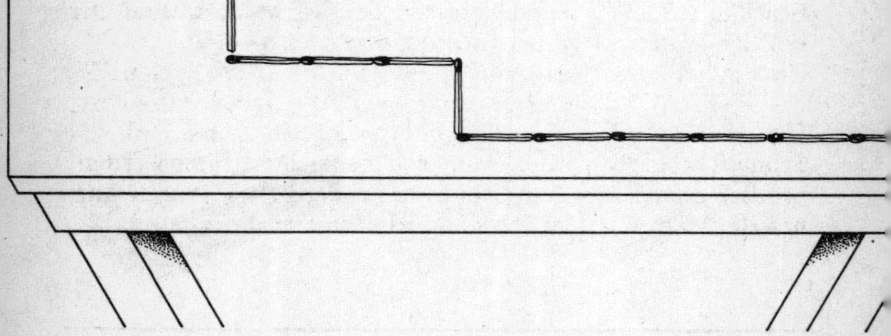

Karibisches Duell

Auch die Literatur und der Film haben ihre Trinkspiele, fiel mir ein. Wenn dabei auch zumeist maßlos übertrieben wird, so kann man das eine oder andere dennoch in gemäßigter Form nachvollziehen.

Beim »Karibischen Duell« ging es – soweit ich mich erinnere – um Brigitte Bardot. Lino Ventura war im Film »Der Kapitän« der eine der beiden Kontrahenten. Beide Duellanten stellten sich links und rechts an der Theke auf. Zwischen ihnen standen – feinsäuberlich aufgereiht – zwanzig Gläser mit hochprozentigem Jamaika-Rum.

Nach dem Startschuß begannen die beiden an ihrem Thekenende die Gläser auszusaufen. Es kam darauf an, als erster über die Mittellinie zu trinken, also das elfte Glas zu kippen. Natürlich gewann Lino, das Rauhbein. Nach seinem Triumph fiel er allerdings mit einem Riesenrausch auf die Bretter.

Seeteufel-Quiz

Auch Riech- und Schmeck-Tests gehören zu den Trinkspielen. Es muß ja nicht so weit gehen, wie in Werner Bergengruens »Der Tod von Reval«. Dort läßt der Autor den Verwalter Karluscha eine Art Schnaps-Quiz veranstalten, denn er versteht sich auf das Destillieren von allerlei Kräutern, Beeren und Früchten. Seine Freunde müssen herausfinden, worauf der kräftige Spiritus abgezogen worden war.

Einmal erinnerte der Schnaps den Doktor an den »Seeteufel«, wie die Matrosen die Kapitänin Holmberg genannt hatten. Sie war an Bord verstorben und provisorisch in einem Faß voll Schnaps bestattet worden. Mehr soll hier nicht verraten werden, nur daß damals auf dem Schiff der Schnaps ausgegangen war, und die Matrosen dennoch ständig betrunken waren.

Der vorletzte Mann

Nun hatte der Waldemar genug von den hypothetischen Literaturspielen. »Soviel kann und darf man ja heute nicht mehr saufen!« sagte er, und berichtete von einem Spiel aus der täglichen Praxis.
Sitzt nämlich eine große Gesellschaft rund um den Stammtisch, und spendiert einer einen Doppelliter Bier, gilt folgende Regel. Das Glas geht im Uhrzeigersinn um den Tisch herum, und jeder muß daraus trinken. Entweder wird genippt, oder ein Schluck getrunken, oder alles in mehreren Zügen auf einmal geleert. Hat einer ausgetrunken, muß der vorletzte, der aus dem Glas getrunken hat, den nächsten Doppelliter bestellen. Und bezahlen natürlich auch.
Es empfiehlt sich also, dort Platz zu nehmen, wo nicht gerade der Trinkfesteste als Nachbar zur Linken darauf wartet, einem einen Streich zu spielen.

Stiefeltrunk

Wenn heute aus einem Bierstiefel getrunken wird, dann ist dieser in der Regel aus Glas. Und nicht mehr aus Leder, wie in der Zeit der rauhen Landsknechte.
Ein kleiner Trick ist dabei, und den muß man wissen. Einem Anfänger drückt man nämlich den Stiefel so in die Hand, daß die Stiefelspitze nach oben zeigt. Kommt beim Trinken die Luft in diese Spitze, dann schießt ein kleiner Bierschwall heraus. Ein erfahrener Stiefeltrinker führt den Stiefel daher immer mit der Stiefelspitze nach unten zum Mund.

Bieruhr

Noch ein beliebtes Studentenspiel, das im Originaltext wie folgt beschrieben wird:
»Man schlägt einen Nagel in die Mitte des Tisches, hängt einen Schlüssel daran, zieht zwei Kreise darum, zählt die Spieler und macht ebenso viele Felder als Spieler sind, jedoch noch ein *pro patria*-Feld. Hierauf versieht man die Felder und die Münzen der Bieruhrspieler mit gleichen Nummern. Dann wird der Schlüssel gedreht und die Nummer, auf der er sitzen bleibt, singt Solo und trinkt ein Halbes oder Ganzes. Sitzt er im Vaterland *(pro patria)*, so trinken alle, und so geht's fort, bis alles toll und voll ist.«
Ein ähnlicher Effekt läßt sich auch durch das »Flaschendrehen« erzielen: Eine leere, liegende Flasche wird gedreht, und es trinkt der, auf den sie zeigt.

Ein- bis sechsbeinig

Sechs volle Gläser und einen Augenwürfel braucht man zu dieser lustigen Trinkrunde. Dann wird reihum gewürfelt. Was dabei geschieht, ist meist recht turbulent und würde so manchem Wanderzirkus zur Ehre gereichen. Es geht nämlich nicht ohne akrobatische Einlagen ab.

Zunächst kommt es darauf an, eine Eins zu werfen. Wem dies gelingt, der muß ein Glas einbeinig austrinken. Und zwar ohne abzusetzen, ohne umzufallen und ohne einen Tropfen zu verschütten. Dann geht es um die Zwei, bei der ganz normal zweibeinig getrunken wird. Bei der Drei kniet sich der Trinkende auf den Boden und stützt sich mit der Hand auf. Wer die erste Vier nach der Drei wirft, wird von zwei anderen auf die Arme genommen, er trinkt dann also vierbeinig. Fünfbeinig ist besonders schwierig, denn der Ausübende steht dann mit einem Bein auf einem Stuhl oder Tisch. Ein Sechsbeiniger schließlich steht mit zwei Beinen auf einem Vierbeinigen.

Wer in der ganzen Runde als erster absetzt, umfällt oder schüttet, muß das Bier spendieren. Keine Angst, daß das nicht vorkommt. In der Regel wird nämlich ein klein wenig nachgeholfen. Spätestens der Vierbeiner beim sechsbeinigen Trinken sorgt dafür, daß sein Obermann ins Wanken gerät.

Trink-Piktogramme

Feuchte Dame

Eduard, ein Stammgast in der Kneipe, brachte noch eine Figur von Graham Greene ins Spiel. Der Staubsaugervertreter Wormold in »Unser Mann in Havanna« hatte nämlich einen Freund namens Dr. Hasselbacher, und der hatte Hunderte Miniatur-Whiskyflaschen gesammelt. Teils mit Bourbon und teils mit Scotch.

Also, um die Sache kurz zu machen: Wormold (im Film von Alec Guinness dargestellt) schlägt folgendes vor: »Wissen Sie, was ich an Ihrer Stelle täte? Dame spielen! Wer einen Stein nimmt, trinkt ihn.« – »Ein logisches Handicap ist an der Sache«, sagte Hasselbacher. »Das ist das Schöne daran: der bessere Spieler muß mehr trinken. Bedenken Sie, wie raffiniert!«

Wem die zweimal zwölf »Damenflaschen« zuviel sind, der kann ja immerhin mit zweimal neun Spielsteinen Mühle spielen. Oder mit viermal vier Fläschchen »Mensch ärgere dich nicht«.

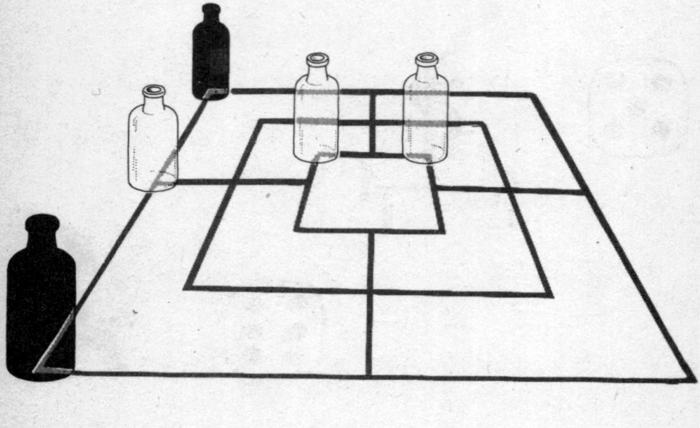

Auge um Auge

Grundregeln für Würfelspieler

Die ersten Würfelspieler gab es schon vor über 4000 Jahren im Orient. Leider ist nicht überliefert, ob sie auch schon in der Kneipe getrudelt und gepascht haben. Vielleicht findet demnächst ein Archäologe die zehn Grundregeln für Würfelspieler, geschrieben auf Papyrus oder gemeißelt in Stein. So wie sie auch heute noch gelten für alle jene, die sich mit diesen Theken-Klassikern auseinandersetzen.

1. Es wird nicht mit der Hand, sondern mit einem Würfelbecher geworfen.
2. Jeder füllt einen Becher eigenhändig, weil das angeblich Glück bringt.
3. Vor dem Wurf werden die Würfel im Becher gut geschüttelt. Dabei wird eine Hand darüber gelegt.
4. Es wird zuvor vereinbart, ob die Würfel ausrollen dürfen, oder ob der Becher mit einem Schlag auf den Tisch gestülpt werden soll.
5. Stehen Würfel auf der Kante (»Es brennt!«) oder sind sie vom Tisch gefallen, so muß der Wurf wiederholt werden.
6. Zu Beginn wird durch Würfeln derjenige bestimmt, der später »vorlegt«, also mit dem eigentlichen Spiel beginnt. In der zweiten Runde legt dann derjenige vor, der zuvor verloren hat.
7. Im weiteren Verlauf wird dann im Uhrzeigersinn gespielt.
8. Da man die klassischen Würfelspiele in mehreren Varianten spielen kann, müssen sich die Teilnehmer zuvor über die Regeln absprechen, an die sie sich dann halten wollen.
9. Meist spielt man »auf Verlust«, das heißt, daß der Verlierer eine Runde zu bezahlen hat.
10. Manchmal wird »auf Gewinn« gespielt, das heißt, daß der Gewinner den Einsatz kassieren darf.

Kuhschwanz

Ein Abräumspiel mit einem Würfel

Jeder Spieler legt 21 Streichhölzer zu einem »Kuhschwanz« aus. Dann wird reihum gewürfelt. Jeder kommt so oft dran, als er aus seinem »Kuhschwanz« Streichholzreihen, die der geworfenen Augenzahl entsprechen, entfernen kann. Wer z. B. eine Sechs wirft, darf die Reihe mit den sechs Hölzern entfernen. Würfelt aber der Spieler eine Augenzahl, deren Reihe er schon weggenommen hat, so erhält er nichts, und der nächste kommt dran.

Wer seinen »Kuhschwanz« abkassieren konnte, scheidet aus. Wer zuletzt auf Streichhölzern »sitzenbleibt« hat verloren. Er muß eine Runde bezahlen.

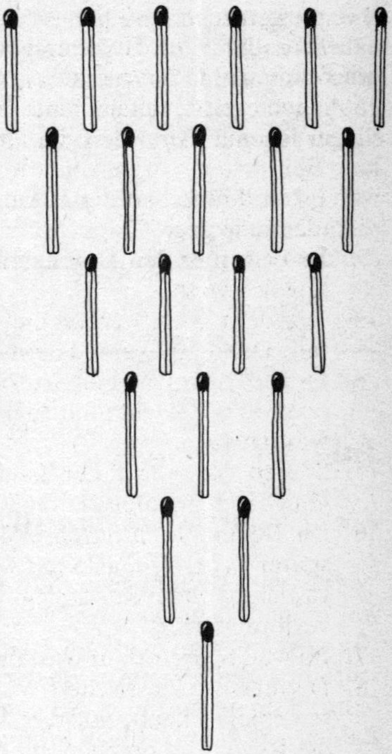

Quinze

Ein Risikospiel mit einem Würfel

Bei diesem französischen Würfelspiel wirft jeder mit einem Würfel beliebig oft. Es kommt darauf an, 15 Augen zu erreichen oder eine Zahl, die möglichst dicht darunter liegt. Wer über 15 Augen erzielt, scheidet aus und hat verloren.
Sieger ist, wer genau 15 oder am dichtesten darunter geworfen hat. Bei gleicher Augensumme ist entscheidend, wer dazu am wenigsten Würfe benötigte. Der Sieger erhält von den Ausgeschiedenen je zehn Chips (Münzen, Bierdeckel), von den anderen die Differenz der Augenzahlensummen.

Jule

Ein Schreibspiel mit einem Würfel

Wieder wird reihum gewürfelt. Es kommt darauf an, so schnell wie möglich alle Augenzahlen von Eins bis Sechs zu werfen. Und zwar in der richtigen Reihenfolge. Wer eine Eins wirft, schreibt sie auf. Wenn er wieder dran ist und er wirft eine Zwei, schreibt er sie darunter. So geht es weiter, bis ein Spieler alle Zahlen von 1 bis 6 aufgeschrieben hat.
Dann werden die Zahlen bei entsprechenden Würfen in absteigender Reihenfolge von 6 bis 1 wieder durchgestrichen. (Oder ausgelöscht, wenn man das Spiel stilecht mit Kreidezahlen durchführt.) Sieger ist, wer zuerst alle Zahlen aufschreiben und dann wieder durchstreichen konnte.
Eine raffinierte Variante ist die »Stumme Jule«, bei der während des ganzen Spiels nicht gesprochen werden darf. Wer dennoch redet, muß mit dem Aufschreiben wieder von vorne anfangen.

Läuse würfeln

Ein Malspiel mit einem Würfel

Jeder Spieler nennt eine Glückszahl von 1 bis 6 und schreibt sie zur Kontrolle auf. Abwechselnd wird je einmal reihum geworfen. Wer seine Glückszahl wirft, darf ein Stück einer Laus auf sein Papier malen. Wer zuerst dreizehnmal seine Glückszahl gewürfelt hat und die dreizehn Teile seiner Laus gezeichnet hat, darf ausscheiden. Wer übrigbleibt, hat verloren.

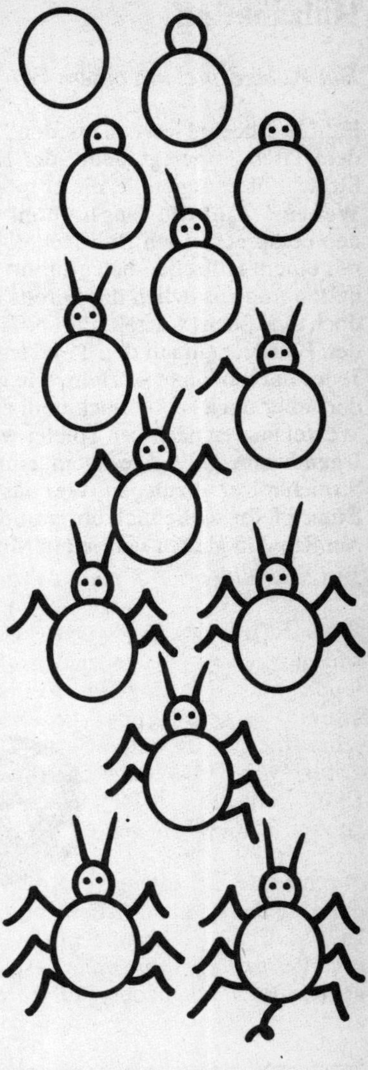

Holzauktion

Ein Ablegespiel mit einem Würfel

Fünf Bierdeckel werden mit den Zahlen 1 bis 5 markiert und auf dem Tisch ausgelegt. Jeder der Holzauktionäre bekommt fünf Streichhölzer zugeteilt, die er möglichst schnell loswerden soll. Wer eine Zahl von Eins bis Fünf würfelt, legt ein Hölzchen auf den entsprechenden Bierdeckel. Ist der Bierdeckel aber schon mit einem Hölzchen belegt, muß der Spieler sein Hölzchen behalten und zusätzlich das bereits ausgelegte kassieren. Wer jedoch eine Sechs würfelt, darf auf jeden Fall ein Hölzchen neben den Bierdeckeln auf den Tisch legen.
Jeder darf so lange würfeln, wie er Hölzchen ablegen kann. Er darf aber auch schon nach dem ersten Wurf aufhören und den Würfel an den nächsten Spieler weitergeben.
Irgendwann gelingt es dem einen oder anderen, seine fünf Streichhölzer abzulegen. Wer das schafft, der darf ausscheiden. Einer bleibt schließlich übrig und muß bezahlen. Nach mehreren Runden gleicht sich so ein Mißgeschick aber wieder aus.

1
2
3
4
5

Filzlaus

Ein einfaches Spiel mit einem Würfel

Dieses uralte Kneipenspiel bekam aus unerfindlichen Gründen den Namen eines lästigen Insekts.
Jeder darf zehnmal hintereinander würfeln. Er darf schon früher aufhören, wenn er eine Eins (eine »Filzlaus«) werfen konnte. Verloren hat, wer keine Eins werfen konnte. Oder wer dafür die meisten Würfe benötigte. Gegebenenfalls wird bei Gleichstand eine Stichrunde ausgetragen.

Finke

Ein Gewinnspiel mit zwei Würfeln

Dieses alte Landsknechtspiel nennt man auch »Pinke« oder »Finke berupfen«. Wer es stilecht durchführen möchte, zeichnet die »Finke« mit Kreide auf einen Holztisch. Da es ein »Gewinnspiel« ist, ging es bei den Landsknechten dabei nicht darum, wer zu bezahlen hat, sondern um den Erwerb von Heller und Pfennigen. Wir können uns auch mit Streichhölzern oder Chips begnügen.
Reihum wird mit zwei Würfeln geworfen. Die Augenzahlensumme muß auf das betreffende Feld eingezahlt werden, wenn dort noch kein Einsatz liegt. Ist das Feld aber schon besetzt, darf der Einsatz kassiert werden. Jeder darf so lange würfeln, bis er auf ein Feld trifft, das noch nicht belegt ist, um dort einzuzahlen. Die Felder mit den Zahlen 2, 7 und 12 haben aber eine besondere Bedeutung. Wer nämlich eine Sieben wirft (sieben Augen), muß auf das Feld mit der 7 immer einzahlen. Dieses Feld faßt also beliebig viele Münzen (Streichhölzer).
Wer zwei Augen wirft, darf alle »normalen« Felder abkassieren, das sind die Felder 3 bis 11 ohne 7. Wer aber zwölf Augen wirft, darf alle Felder abkassieren, also die Felder 2 bis 12. Anschlie-

ßend muß er aber nochmals werfen. Fällt dabei eine Augensumme von zwei oder zwölf, muß er alle Felder von 2 bis 12 mit einer Münze (einem Streichholz) belegen. Wer sein Startkapital verloren hat, scheidet aus. Wer zuletzt übrigbleibt, darf alle Einsätze kassieren.

Paschen

Ein Kombinationsspiel mit zwei Würfeln

Zu diesem Spiel braucht man zwei Augenwürfel, einen Becher und Bierdeckel. Es kommt darauf an, möglichst hohe Würfelkombinationen zu werfen.

Die Rangfolge der Würfelkombinationen:

Der »King« oder das »Mäxle«,
der höchste Wurf

»Pasch Sechs«

»Pasch Fünf«

»Pasch Vier«

»Pasch Drei«

»Pasch Zwei«

»Pasch Eins«

»Fünfundsechzig«

»Vierundsechzig«

usw. bis

»Zweiunddreißig«

»Einunddreißig«,
der niedrigste Wurf

Zunächst kommen in die Mitte des Tisches so viele Bierdeckel, wie Spieler teilnehmen, und noch einer extra. Bei zwei Spielern braucht man also drei, bei drei Spielern vier, bei vier Spielern fünf Bierdeckel usw.
Der erste Spieler legt mit zwei Würfeln vor. Ist er mit der geworfenen Kombination zufrieden, hat er sie »in einem« erzielt und hört auf. Er kann aber auch mit einem oder mit zwei Würfeln ein zweites und sogar ein drittes Mal werfen, um seine Vorlage zu bestimmen. Dann kommen reihum die anderen dran und versuchen, die Vorlage zu übertreffen. Sie dürfen dabei höchstens so oft wie der Vorleger werfen. Wenn jeder gewürfelt hat, bekommt derjenige einen Bierdeckel, der die niedrigste Kombination geworfen hat. Gegebenenfalls wird ein Stichkampf ausgetragen, wenn zwei oder mehrere eine gleich niedrige Kombination geworfen haben.
Wenn alle Bierdeckel verteilt sind, dürfen alle jene ausscheiden, die zuvor keinen nehmen mußten. Die anderen spielen weiter, nur darf jetzt der Spieler mit dem höchsten Ergebnis einen Bierdeckel an den Spieler mit dem niedrigsten Ergebnis weiterreichen. Wer seine Deckel losgeworden ist, scheidet aus. Wer übrigbleibt, hat das Spiel verloren und muß eine Runde bezahlen. Dafür darf er beim nächsten Spiel vorlegen.

Lügenpasch

Ein Mogelspiel mit zwei Würfeln

Bei dieser Pasch-Variante gelten dieselben Würfelkombinationen und Bierdeckel-Abrechnungen wie beim normalen »Paschen«. Doch das Würfeln erfolgt nur einmal je Spieler und verdeckt: Der Würfelbecher wird mit einem Bierdeckel abgedeckt, kräftig geschüttelt und dann umgestülpt. Der Würfler schaut vorsichtig darunter und meldet ein Ergebnis. Und zwar entweder das tatsächlich erzielte oder ein anderes. Jeder muß nämlich jeweils einen höheren Wurf ansagen als sein Vordermann, und dabei kommt man mit Wahrheitsliebe nicht allzu weit. Es darf also schamlos gelogen werden.
Der Nachbar zur Linken, der die verdeckten Würfel überreicht bekommt, kann nun die Meldung des Vordermanns glauben oder nicht. Nimmt der Nachfolger den Wurf an, muß er durch erneutes Würfeln das Ergebnis verbessern. Oder er zweifelt die Meldung an und hebt den Becher ab. Liegt ein niedrigeres Ergebnis vor als gemeldet wurde, bekommt der Lügner einen Deckel. Ist das Ergebnis korrekt oder höher als angegeben, erhält der Zweifler einen Deckel. Wer ein angesagtes Ergebnis akzeptiert, kann auch ohne selbst zu würfeln (in der Hoffnung, daß sein Vorgänger untertrieben hat) weitergeben und ein höheres Ergebnis melden.
Wenn jemand einen »King« (ein »Mäxle«) ansagt, und der Nachfolger zweifelt die Meldung an, dann sind sogar zwei Dekkel fällig. Wird ein »King« nicht angezweifelt, muß der nächste Spieler neu vorlegen. Fürwahr, ein königliches Spiel.

Beim »Lügenpasch« wird verdeckt gewürfelt. Ein Bierdeckel verschließt den Becher.

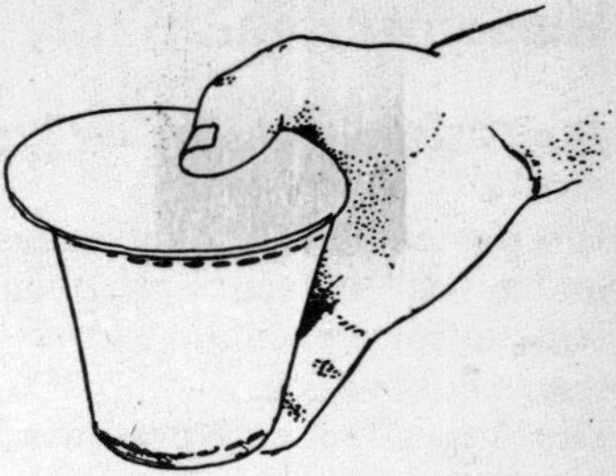

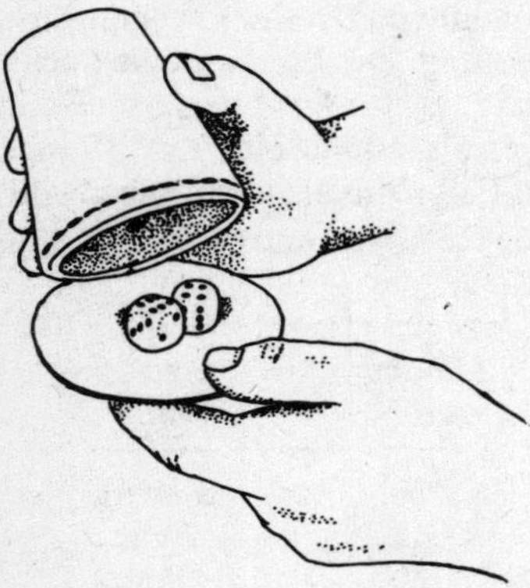

Der Spieler schaut vorsichtig unter den Becher und meldet das Ergebnis. Oder er lügt schamlos.

Bierdeckel, Becher und Würfel werden verdeckt an den Nachbarn zur Linken weitergereicht.

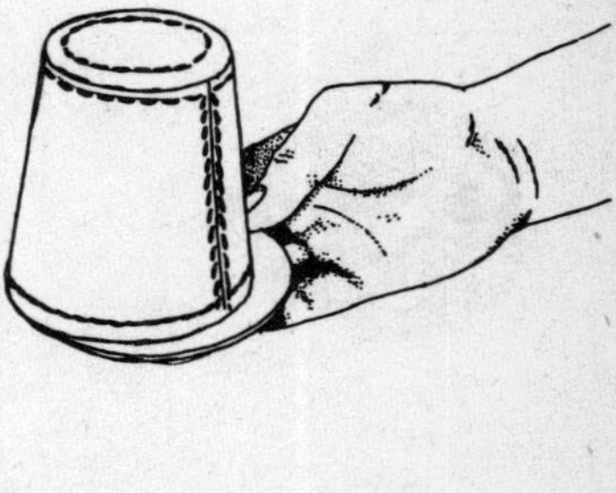

Becher-Ritual

Kartenwürfeln

Ein Gewinnspiel mit zwei Würfeln

Ein Kartenspiel (32 Skatkarten) wird gut gemischt, abgehoben und mit der Bildseite nach oben auf den Tisch gelegt. Dann würfeln die Spieler reihum und versuchen, möglichst viele Spielkarten zu bekommen.
Die Augen beider Würfel werden zusammengezählt und ergeben eine Augensumme von 2 bis 12. Stimmt diese Augensumme mit dem Wert der Karte, die obenauf liegt, überein, dann darf der Spieler diese Karte an sich nehmen. Drei der Augensummen haben eine besondere Bedeutung: Die Fünf und die Sechs als Summe gelten nichts. Wer also z. B. 1 + 4 = 5 wirft, muß die Würfel weitergeben. Wer hingegen als Summe eine Zwölf wirft, darf die oberste Karte auf jeden Fall nehmen, denn die Zwölf gilt als Joker.

Augensumme	*gewinnt*	*Augensumme*	*gewinnt*
2	Buben	7	Sieben
3	Dame	8	Acht
4	König	9	Neun
5	nichts	10	Zehn
6	nichts	11	As
		12	Joker

Wer mit seinem ersten Wurf eine Karte kassieren kann, darf weiterwürfeln und gegebenenfalls auch die nächste Karte aufnehmen.
Wenn schließlich alle Karten ausgewürfelt sind, hat derjenige verloren, der am wenigsten Karten besitzt.

Für einen König braucht man vier Augen, also 1 + 3 oder 2 + 2 oder 3 + 1. Oder eine Zwölf, die als Joker gilt.

Chicago einfach

Ein Kombinations- und Ablegespiel mit drei Würfeln

Zu diesem weit verbreiteten Kneipenspiel braucht man drei Augenwürfel und je Spieler drei Bierdeckel, die bei Beginn in der Mitte des Tisches liegen. Bei der Bewertung der Würfelaugen gibt es eine Sonderregel: Die Eins zählt 100 und die Sechs zählt 60. Die übrigen Augenwerte zählen normal, also 2, 3, 4, 5.
Der erste Spieler wirft zunächst mit drei Würfeln. Ist er mit der geworfenen Augenzahl zufrieden, so hört er auf. Er kann aber auch wahlweise mit einem oder mit zwei oder drei Würfeln ein zweites und ein drittes Mal werfen, wobei die nicht mehr benutzten Würfel »stehenbleiben« und am Schluß mitzählen. Wer zwei Sechser geworfen hat, darf auch wahlweise einen Würfel mit der Eins nach oben stehenlassen und mit zwei Würfeln weitermachen.

Ein Beispiel:

Der Spieler läßt die Sechs stehen und wirft mit zwei Würfeln nochmals. Ergebnis:

Nun läßt er für die beiden Sechser eine Eins = 100 stehen und riskiert einen dritten Wurf. Ergebnis:

Endergebnis: 106 Punkte mit drei Würfen, also etwas schlechter als vorher, als er schon 124 Punkte hatte.

Dann kommen die anderen Spieler an die Reihe. Keiner darf dann öfter werfen als der erste. Wenn alle dran waren, hat derjenige mit der niedrigsten Punktezahl verloren und muß einen Bierdeckel aufnehmen. Oder bei gleichniedriger Punktezahl derjenige, der dazu am meisten Würfe benötigte. Oder es gibt zwei Verlierer, und beide bekommen einen Bierdeckel.
Sind alle Bierdeckel verteilt, dann geht es in der zweiten Phase um das Ablegen der Bierdeckel. Jeweils der Spieler mit der höchsten Punktezahl darf einen Deckel zurückgeben. Wer keinen Bierdeckel mehr hat, oder wer in der ersten Phase keinen aufnehmen mußte, darf ausscheiden. Auch wer »Chicago« wirft (dreimal die Eins), darf sofort ausscheiden und alle Deckel ablegen. Am Ende bleibt einer übrig und bezahlt. Na denn: Prost!

Chicago hoch/tief

Bei dieser Variante zum einfachen »Chicago« bestimmt der erste Spieler nach seinem ersten Wurf, ob es bei der Endabrechnung auf »hoch« (höchste Punktezahl wie beim einfachen »Chicago«) oder auf »tief« (niedrigste Punktezahl) ankommt. Beim »Tiefspiel« zählen alle Augen normal, also die Eins = 1, die Sechs = 6.
Gewonnen hat bei »tief«, wer die niedrigste Punktezahl erreichte. Den Bierdeckel bekommt dann der Spieler mit der höchsten Augenzahl.

Das Schweigen im Walde

Ein Kombinationsspiel mit drei Würfeln

Wer bei diesem lustigen Spiel mit drei Würfeln auch nur ein Wort spricht, hat sofort verloren und zahlt eine Runde. Ansonsten kommt es darauf an, entweder eine Punktesumme von sieben Augen (»Sieben«) oder von 14 Augen (»Vierzehn«) oder einen Dreierpasch (drei gleiche Augenwerte gleich »General«) zu werfen. Wem dies gelingt, der klopft mit dem Becher auf den Tisch zum Zeichen, daß er fertig ist und ausscheidet. Er darf aber auch weiterhin nicht sprechen, bis die ganze Runde zu Ende ist.
Wer aus Versehen klopft (weil er sich verzählt hat) oder wer auf das Klopfen vergißt, muß später eine Runde zahlen, wenn ein anderer Spieler den Fehler bemerkt hat. Wer einen Fehler sieht, klopft mit der Faust dreimal auf den Tisch und darf ausscheiden. Natürlich versucht man, einen anderen zum Reden zu bringen. Etwa dadurch, daß man einem Ausgeschiedenen den Becher reicht, der dann sagt: »Ich bin schon ausgeschieden!« Oder daß man einen Spieler übergeht, der dann protestiert: »Ich bin dran!«

»Sieben«

»Vierzehn«

»Sieben«

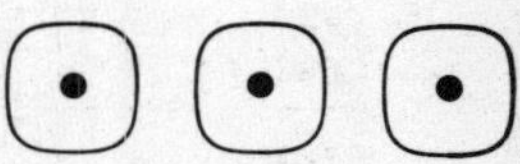

»General«

Würfelpoker

Ein Kombinationsspiel mit fünf Würfeln

Für dieses Spiel mit fünf Würfeln in der Art von »Escalero« oder »Yathzee« braucht man eine Punktetabelle, in die jeder seine Würfe einträgt. Jeder wirft ein- bis dreimal, wobei die nicht benutzten Würfel »stehenbleiben«. Dann wird das Ergebnis unter dem Namen des Spielers eingetragen. Und zwar in ein entsprechendes freies Feld, das zum Wurf paßt. Wenn das nicht möglich ist, muß in ein freies Feld eine Null eingetragen werden.

Kombinat.	Punkte	Anton	Berta	Cäsar	Dora
Einser	je 1				
Zweier	je 2				
Dreier	je 3	9			
Vierer	je 4				
Fünfer	je 5				
Sechser	je 6				12
Full Hand	20/25				
Straße	30/35		30		
Poker	40/45			45	
Grande	80/100				
Summen					

In unserem Beispiel hat Anton drei Dreier (3 × 3 = 9) geworfen, Berta eine »Straße« in zwei Würfen (= 30), Cäsar sogar einen »Poker« in einem Wurf (»Poker serviert« = 45) und Dora zwei Sechser (2 × 6 = 12).

Ein »Full Hand« (drei gleiche und zwei andere gleiche Augenwerte) ergibt in zwei oder drei Würfen 20 Punkte, »serviert« (in einem Wurf) 25 Punkte.

Eine »Straße« (eine Folge von 1 bis 5 oder von 2 bis 6) zählt in zwei oder drei Würfen 30 Punkte, »serviert« (in einem Wurf) 35 Punkte.

Ein »Poker« (vier gleiche Augenwerte und ein anderer Wert) zählt in zwei oder drei Würfen 40 Punkte, »serviert« (in einem Wurf) 45 Punkte.

Ein »Grande« (fünf gleiche Augenwerte) zählt in zwei oder drei Würfen 80 Punkte, »serviert« bekommt man dafür die Maximalpunktezahl von 100.

Ein Beispiel:

Wirft ein Spieler vier Fünfer und einen Sechser, dann kann er wahlweise

- ☐ in der Rubrik »Poker« 45 oder 40 Punkte eintragen, je nachdem, ob der Wurf »serviert« war oder nicht,
- ☐ oder in der Rubrik »Fünfer« 4 × 5 = 20 Punkte eintragen,
- ☐ oder in der Rubrik »Sechser« 1 × 6 = 6 Punkte gutschreiben,
- ☐ oder er muß in ein freies Feld 0 Punkte eintragen, wenn die oben erwähnten Felder schon besetzt sind.

Den Kürzeren ziehen

Einfache Knobelspiele

»Du mit deinen komplizierten Thekenspielen!« pflaumte mich Waldemar an. »Lerne erst einmal, wie man knobelt, wie man Münzen und Streichhölzer legt bzw. wie man andere damit hereinlegt. In der Einfachheit liegt die Würze! Und darin, daß man weiß, woraus das alles entstanden ist.«
Schon die alten Germanen kannten das Los (althochdeutsch »hliozan« gleich losen, wahrsagen, zaubern) als Mittel der Schicksalsbefragung. Das Los-Orakel gibt es in vielen Religionen, im Alten Testament, bei Assyrern, Babyloniern und in der griechisch-römischen Antike. Ursprünglich verwendete man Steine unterschiedlicher Farbe und Gestalt, aber auch Bohnen und Holzstäbchen.
Erst relativ spät kam das Ziehen ungleich großer Halme auf, bei denen einer zwangsläufig »den Kürzeren ziehen« mußte. Heute spricht man vom »Knobeln«, wenn es darum geht, einen Verlierer zu bestimmen. Das Wort hat den Hintersinn von »ausknobeln, einen Plan aushecken, einer Sache auf den Grund kommen« und stammt aus dem Rotwelsch.

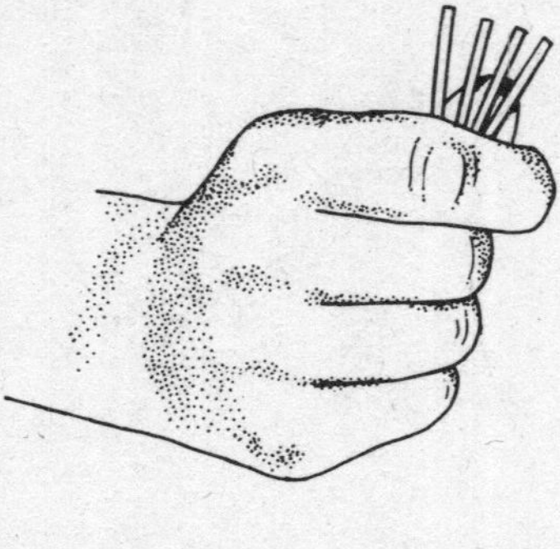

Gerade oder ungerade

Ein schnelles Spiel für zwei Personen. Der eine entscheidet sich für »gerade«, der andere für »ungerade«. Nach dem Kommando »Eins – zwei – drei!« streckt jeder eine Hand nach vorne und öffnet dabei null bis fünf Finger. Je nachdem, wie viele Finger insgesamt ausgestreckt sind, gewinnt der eine oder der andere. Die Null ist übrigens eine gerade Zahl.
Wer drei Runden verloren hat, bezahlt für den anderen mit.

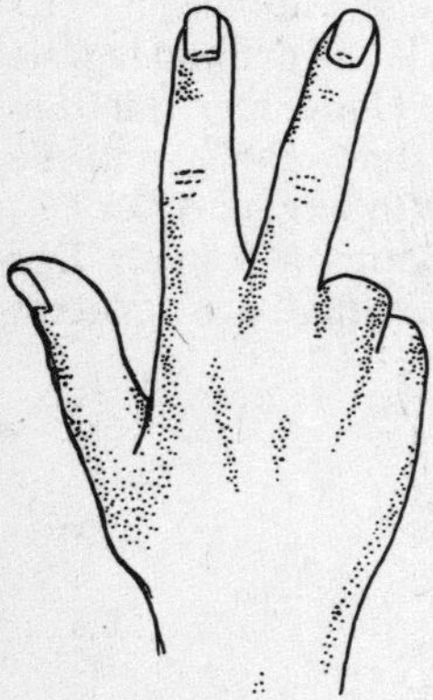

Drei und …

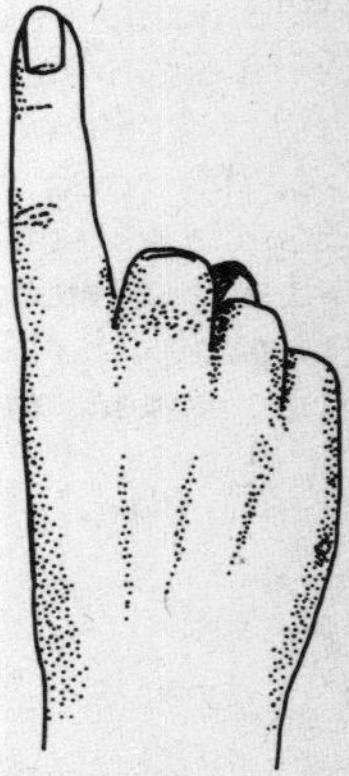

… eins ist gerade. Ungerade hat verloren.

Mora

In den romanischen Ländern führt man dieses Spiel so durch, daß mehrere Spieler teilnehmen können. Allerdings muß dabei jeder zwei Dinge gleichzeitig tun. Auf »Eins – zwei – drei!« hebt man einerseits die rechte Hand und streckt dabei null bis fünf Finger in die Höhe. Andererseits ruft man gleichzeitig eine Zahl. Entspricht die Zahl eines Spielers der Gesamtsumme aller Finger, die in die Höhe zeigen, so hat dieser Spieler gewonnen und darf ausscheiden.

Die Gewinnzahl darf aber nur von einem allein gerufen worden sein. Rufen zwei oder mehrere dieselbe Zahl, ist die Runde unentschieden, und das Spielchen wird wiederholt. Hat keiner die Gesamtsumme richtig geraten, geht »Mora« in die nächste Runde, und keiner darf ausscheiden.

Kopf oder Zahl

Wie macht es der Schiedsrichter vor einem Fußballspiel? Er wirft eine Münze hoch, fängt sie mit einer Hand auf und legt sie verdeckt auf den Handrücken der anderen Hand. Der Spielführer der einen Mannschaft sagt »Kopf« oder »Zahl«, und die Münze wird aufgedeckt. Stimmt die Behauptung, darf der Gewinner sagen, in welche Richtung seine Mannschaft spielt. Der Gegenspieler hat Anstoß. Am Stammtisch bezahlt der Verlierer eine Runde, und beide stoßen an.

Streichholzknobeln

Favorit an Stammtischen und Theken ist das Knobeln mit Streichhölzern. Es ist komplizierter als »Schere, Stein, Papier«, raffinierter als »Gerade oder ungerade« und hat gegenüber dem »Mora« den Vorteil, daß man mit etwas Überlegung und psychologischem Einfühlungsvermögen dem Glück nachhelfen kann.
Zwei bis sieben Personen nehmen teil. Jeder bekommt drei Streichhölzer und hält sie unter dem Tisch in der einen Hand. Dann nimmt jeder – ohne daß es die anderen sehen – null bis drei Hölzchen in die andere Hand und legt sie in der Faust auf den Tisch. Die andere Hand bleibt weiterhin unter dem Tisch. Reihum wird nun geraten, wie viele Hölzer insgesamt in den Fäusten auf dem Tisch liegen. Jeder nennt eine Zahl, und jede Zahl darf nur einmal genannt werden. Dann werden die Fäuste geöffnet. Wer die Summe genau erraten hatte, darf ein Hölzchen ablegen.
Wenn nun nach und nach die Hölzchen weniger werden, kann man mit Überlegung seine Trefferrate erhöhen. Wenn zum Beispiel bei zwei Personen der erste dummerweise »Null!« sagt, dann sagt der zweite die Zahl, die er in der Hand hat, und hat damit wahrscheinlich gewonnen. Wenn der erste nicht geblufft hat.
Wer seine drei Streichhölzchen losgeworden ist, darf ausscheiden. Am Ende bleiben zwei Spieler übrig und bestreiten den Endkampf. Wenn schließlich nur noch ein Hölzchen im Spiel ist, und derjenige darf als erster ansagen, der es besitzt, dann muß es schon recht eigenartig hergehen, wenn er nicht gewinnen kann.

Schere, Stein, Papier

Diese Handspielerei ist schon etwas raffinierter. Auf das Kommando »Eins – zwei – drei!« macht jeder der zwei Spieler entweder eine »Schere« (zwei Finger) oder einen »Stein« (eine Faust) oder ein »Papier« (eine flache Hand).
Haben beide dasselbe gewählt, ist das Spiel unentschieden, sonst hat einer gewonnen. Dreimal gewinnen bedeutet den Gesamtsieg.

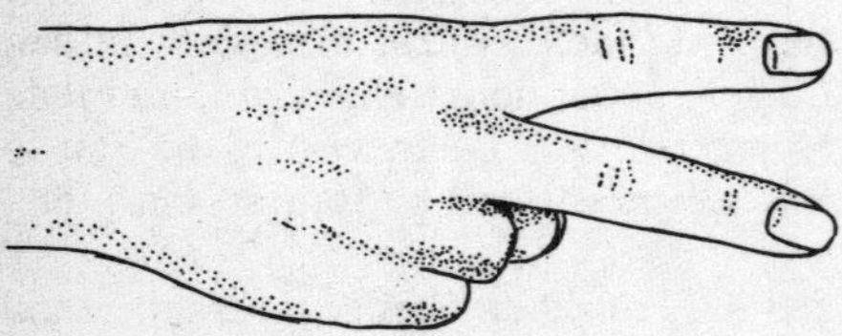

Die »Schere« ...

... schneidet das »Papier«.

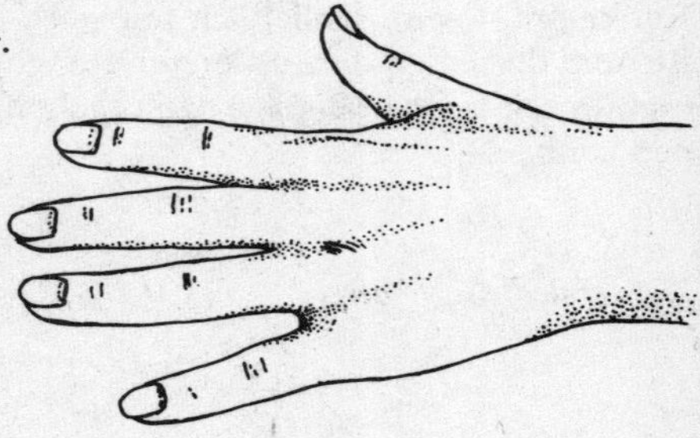

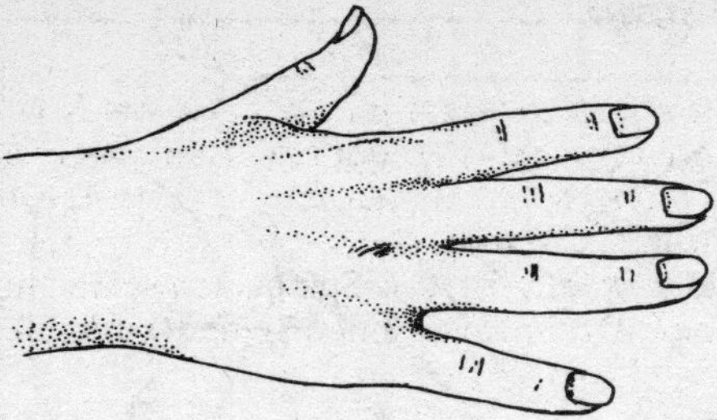

Das »Papier« …

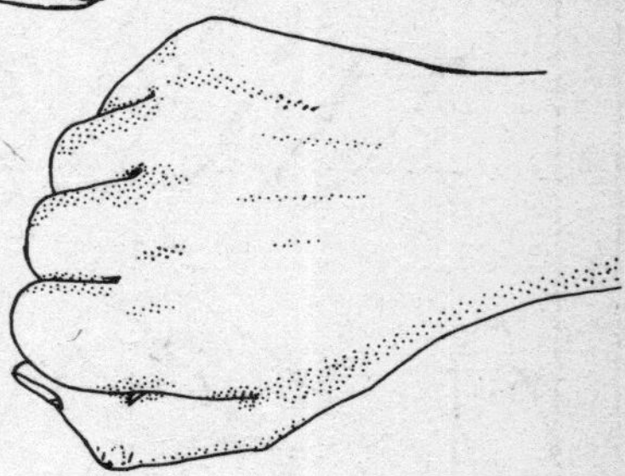

… wickelt den »Stein« ein.

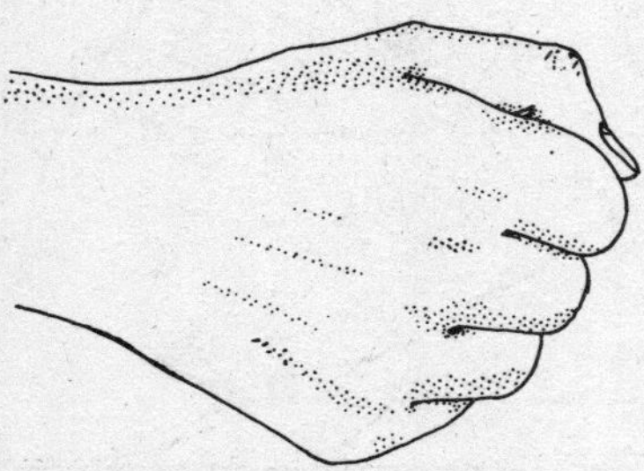

Der »Stein« …

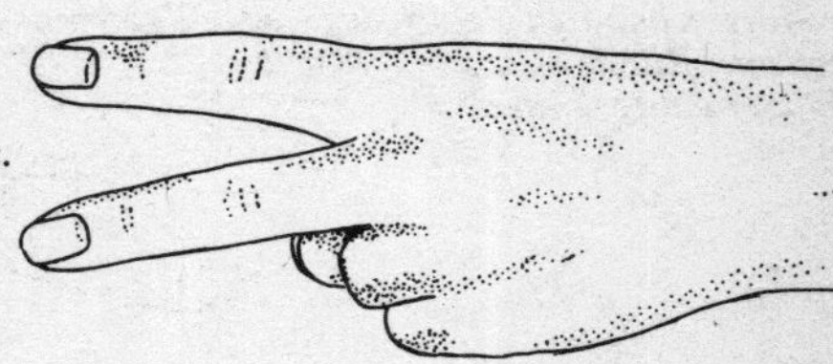

… schleift die »Schere«.

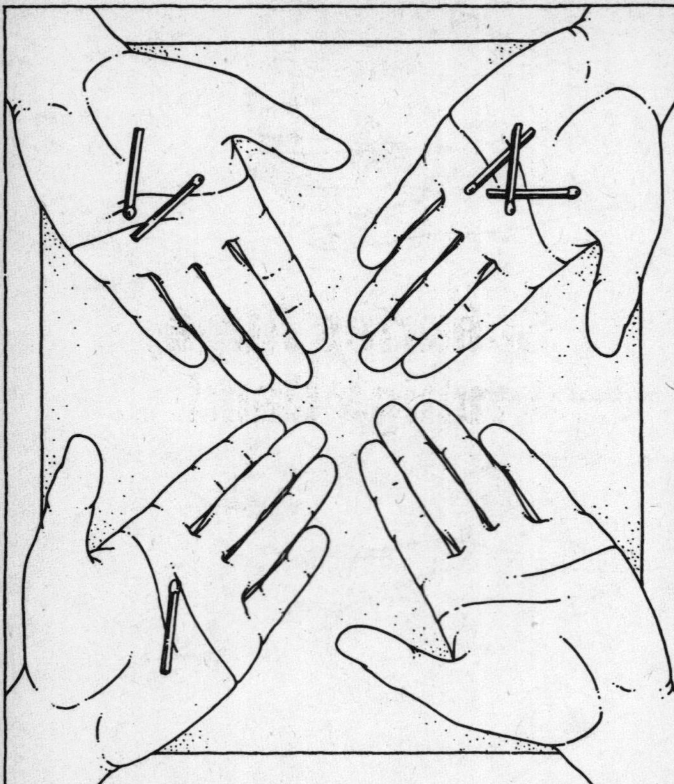

»Morgen habe ich Geburtstag«, sagt Waldemar zum Abschied. »Da gebe ich eine Runde aus. Die zweite und dritte wird, wie gehabt, mit Streichhölzern ausgeknobelt.«

4

Scharfes Auge, ruhige Hand

Geschicklichkeit und Kraft

Wettkämpfe in Geschicklichkeit, Kraft und Ausdauer nehmen von altersher in jedem Kulturkreis einen wichtigen Platz ein. Den alten Griechen gelang es, die Rangeleien zu kultivieren, als sie 776 v. Chr. die Spiele der Olympiaden daraus machten. Formell hieß es zwar, das Dabeisein wäre wichtiger als das Gewinnen, doch tatsächlich durfte schon damals nur die Elite der Jugend teilnehmen. Da ärgerten sich die anderen, gingen in die Tavernen, dopten sich mit Ouso und geharztem Wein und – hielten Konkurrenzspiele ab. Aus Bequemlichkeit blieben sie allerdings an den langen Holztischen sitzen, und so entstanden die Geschicklichkeitsspiele des kleinen Mannes. Ihren Höhepunkt erreichten sie in den Alpenländern, wo die Einheimischen nicht einmal dann ihre Lederhosen von der Bank hochheben, wenn es ums Armbeugen, Kopfschieben oder Fingerhakeln geht.
Im Mittelalter entstanden bekanntlich ritterliche Kampfspiele, die der adligen Oberschicht vorbehalten waren. Wieder war das Volk ausgesperrt, wenn man von den wenigen absieht, die als Sattelzurrer, Waffenträger oder Fanfarenbläser zugelassen waren. Kein Wunder, daß die Unterprivilegierten ihren Unmut mit Bier und Branntwein hinunterspülten und dann ihrem Ärger mit derben Geschicklichkeitsspielen und wilden Raufereien Luft machten. Und wenn es bei den edlen Turnieren zeitweise Kämpfe bis auf den Tod gab, so endete so manche Wirtshauskeilerei zumindest mit blutigen Köpfen und ausgeschlagenen Zähnen. Dennoch soll es Spaß gemacht haben, und so manche Kampfhähne bedauern, daß die Geschicklichkeitsspiele von heute so strengen Regeln unterworfen sind.

Schiffe versenken

Diesmal nicht das beliebte Spiel, das man im Unterricht unter der Schulbank durchführt, sondern ein feuchtes Spielchen direkt an der Theke. Der Wirt muß mit von der Partie sein, sonst klappt es nicht. Das Spülbecken wird nämlich zum Weltmeer, eines der Gläser zum Frachtdampfer. Waldemar ist kein Spielverderber. »Seefahrt tut not!« murmelt er.

Ein Glas ohne Henkel wird zu etwa zwei Dritteln mit Wasser gefüllt und den Wellen preisgegeben. Nach und nach muß nun jeder der Stammgäste aus einem zweiten Glas mindestens einen Tropfen in das Schiffchen gießen. Irgendwann geschieht dann die Katastrophe: Unser Schiff versinkt mit einem leisen Gluckern in den Fluten. Die nächste Runde ist fällig.

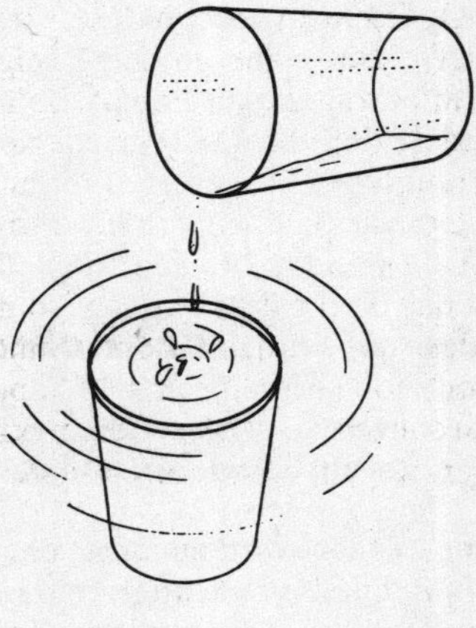

Überläufer

Wenn der Wirt gegen das »Schiffe versenken« ist, und wenn man sich dennoch in der Kneipe ausnahmsweise mit Wasser beschäftigen möchte, dann tut's auch der »Überläufer«. Dieses Spiel kann man dann von der Theke zum Stammtisch verlagern. Ein trockenes Glas steht völlig eben auf dem Tisch. Reihum gießt nun jeder aus einem Schnabelgefäß einen Schuß Wasser hinein. Mindestens ein Tropfen muß es sein. Wenn der Wasserspiegel den Rand erreicht hat, dann wird's spannend. Das Wasser wölbt sich nämlich beim weiteren Zugießen in die Höhe. Besonders dann, wenn der Rand des Glases vorher eingefettet wurde. Doch irgendwann kommt der berühmte Tropfen, der das Kamel zusammenbrechen läßt.

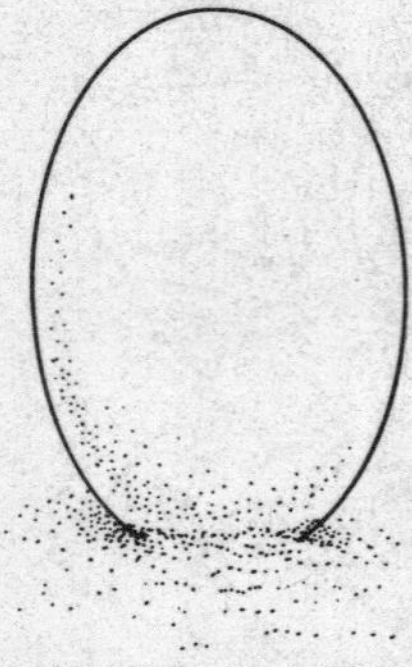

Das Ei des Kolumbus

Trockener geht es beim »Salzei« zu, und das wird den Wirt bestimmt freuen.
In der Mitte eines Tellers wird zunächst ein Salzhaufen errichtet. Darauf kommt dann – vorsichtig! – ein Ei, und zwar mit der spitzen Seite nach unten. Reihum nimmt nun jeder ein Messer zur Hand und schiebt damit eine kleine Prise Salz von der Tellermitte zum Rand. Irgendwann wird es dem Ei zu dumm, immer nur auf der Spitze zu stehen – es rollt zur Seite. Da hätte selbst Kolumbus gestaunt!

Groschen ausräuchern

Eduard, unser Stammgast, spannt eine Papierserviette über die Öffnung eines Glases und befestigt sie mit einem Gummiring. Obenauf und in die Mitte kommt eine Münze. Nun muß einer nach dem anderen mit einer brennenden Zigarette ein Loch zwischen der Münze und dem Rand des Glases in die Serviette brennen.
Zunächst wird die Münze von den Brandlöchern eingekreist. Dann – wenn für weitere Löcher kein Platz mehr ist – werden die kleinen Stege zwischen den Löchern abgebrannt. Mehr und mehr kommt es darauf an, die richtige Stelle auszuwählen und eine ruhige Hand zu behalten. Irgendwann geschieht es doch: die Münze plumpst ins Glas. Der Spieler, der dies verursacht, muß natürlich einen ausgeben.

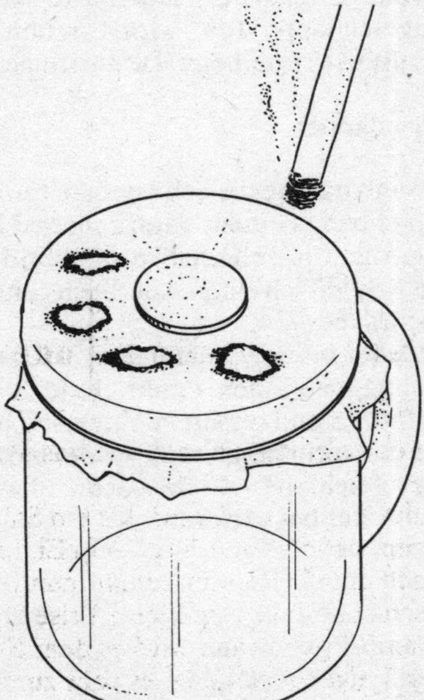

Bierdeckelschnappen

Das Grundprinzip hatte uns Waldemar schnell erklärt: Runder oder eckiger Bierdeckel an den Tischrand, so daß etwa ein Drittel über die Kante hinausragt – Hand von unten her mit den Fingernägeln gegen den Deckel schlagen – Schwupps! und er schlägt einen halben Salto – mit derselben Hand nach vorne schnappen und den Bierfilz auffangen. Das ist alles.
Nun gibt es aber verschiedene Schwierigkeitsgrade:

1. Rechtshänder nehmen die linke, Linkshänder nehmen die rechte Hand.
2. Zwei, drei, vier oder mehr Bierdeckel werden auf einmal hochgeschleudert und aufgefangen.
3. Nach einer halben Drehung wird gefangen (das ist der harmonischste Bewegungsablauf). Dann wird nach einer ganzen Drehung zugeschnappt (da wird's schon schwieriger). Eineinhalb Salti usw. wie beim Turmspringen, nur nicht so naß.
4. Beidhändig schnappen.

Vorher wird vereinbart, wie die Schwierigkeiten gesteigert werden. Zum Beispiel rechts einen, dann zehnmal links einen mit halber Drehung, dann je zehnmal rechts und links einen mit ganzer Drehung, schließlich einen Auerbach gehechtet mit dreieinhalbfacher Schraube.
Reihum kommt jeder bis zu zehnmal dran und bekommt für jedes korrekte Schnappen einen Punkt. Jeder kann aber auch schon vorher aufhören und seinen Punktestand notieren. Denn wer den (die) Deckel nicht fängt, muß wieder bei Null anfangen. Wer 100 Punkte erreicht, ist »aus dem Schneider«. Wer als letzter darunter bleibt, der hat verloren.

Kartenblasen

Eine gute Puste braucht man dazu, sowie ein Kartenspiel und eine leere Flasche. Die Karten legt man – Mischen und Abheben ist nicht nötig – als Paket auf die Flaschenöffnung.
Jeder holt sich, wenn er an der Reihe ist, die Flasche mit den Karten in seinen Pustebereich. Dann bläst er von der Seite auf das Kartenpaket. Mit dem Ziel, daß mindestens eine, keinesfalls aber die letzte Karte herunterfällt. Dabei ist nur ein einziges Atemholen erlaubt.
Wem die letzte Karte von der Flasche fällt (allein oder mit anderen Karten zusammen) oder wem die Puste ausgegangen ist, bevor eine Karte herunterfiel, der muß Strafe bezahlen. Wieviel, wird vor dem Spiel vereinbart. Anschließend darf der Verlierer die Karten wieder auf die Flasche legen und als erster blasen.
Nach und nach bilden sich Experten heraus, die genau wissen, in welchem Winkel man pusten muß, wie man die Flasche zu drehen hat, damit der Atemwind auch greift, wie man die Karten auf die Öffnung legt. Das Kartenpaket darf nämlich auch ganz leicht aufgefächert werden. Die Spielkarten sollten übrigens möglichst noch neu und nicht abgegriffen sein, damit sie besser gleiten.

Bauchlandung

Der Inhalt von einer Streichholzschachtel oder von zwei Schachteln wird auf den Tisch gekippt. Jeder Spieler nimmt sich davon fünf Hölzchen als Grundkapital. Es kommt darauf an, diese fünf Hölzchen durch Geschicklichkeit wieder loszuwerden.
Wie beim »Bierdeckelschnappen« wird die leere Schachtel so an die Tischkante gelegt, daß sie ein wenig übersteht. Dann schlägt der Spieler, der an der Reihe ist, mit den Fingerspitzen von unten dagegen. Die Schachtel fliegt hoch und landet auf dem Tisch.

1. *»Bauchlandung«:* Wenn die Schachtel auf ihrem Etikett oder der gegenüberliegenden großen Fläche liegenbleibt, muß der Spieler ein Hölzchen von der Mitte nehmen. Das ist der Normalfall.
2. *»Zunder«:* Wenn die Schachtel auf einer Reibfläche stehenbleibt, darf der Spieler drei Hölzchen aus seinem Bestand in die Mitte legen.
3. *»Hochkant«:* Wenn die Schachtel auf der schmalen Seite, wo die Schublade ist, stehenbleibt, darf der Spieler alle Hölzchen in die Mitte legen.

Wer keine Hölzchen mehr hat, der scheidet aus. Wer übrigbleibt, der hat verloren. Geht aber zuerst der Bestand in der Mitte des Tisches zur Neige, hat derjenige verloren, der am meisten Hölzchen hat.

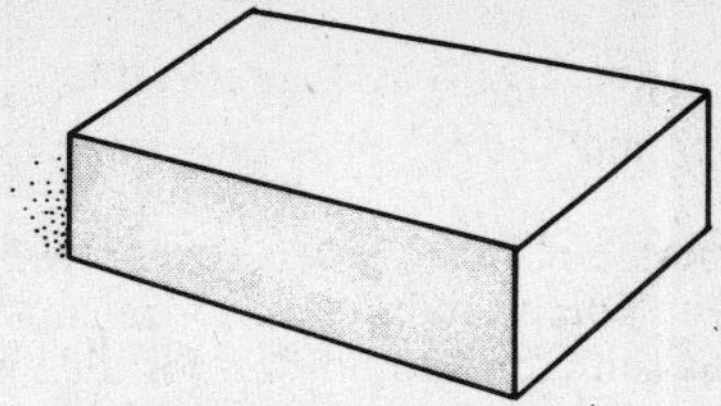

Bauchlandung

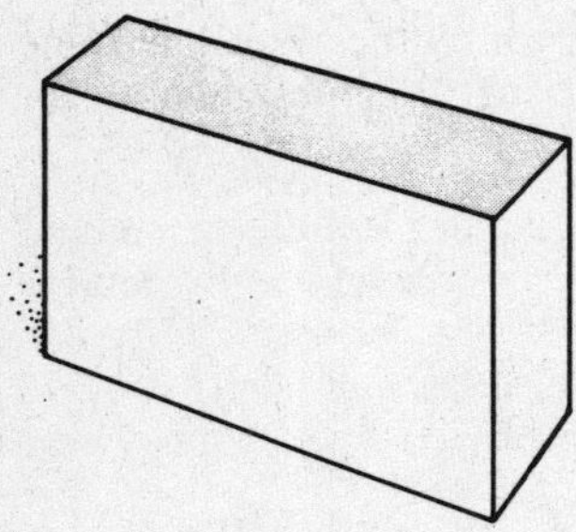

Zunder

Hochkant

Eine Erleichterung für alle Flugzeugpioniere: Wenn die Schachtel besonders schmal ist und auch nach mehreren Versuchen nicht auf »Zunder« oder »Hochkant« stehenbleibt, klebt man zwei Schachteln aneinander und fliegt dann sozusagen mit einem »Doppeldecker«.

Kartenhaus

Auch diesmal geht's nicht um Stiche oder Poker-Kombinationen. Wohl aber um das architektonische Wunderwerk eines Kartenhauses.
Dazu verteilt man ein Paket Spielkarten etwa gleichmäßig an die Spieler. Dann kommt reihum jeder dran und stellt entweder zwei Karten aus seinem Bestand dachförmig aneinander, oder er legt eine Karte waagrecht über zwei Dachfirste. Wenn einzelne Karten herunterfallen, muß sie der unvorsichtige Statiker an sich nehmen, und der nächste kommt dran. Wenn das ganze Gebilde »wie ein Kartenhaus« zusammenfällt, muß der Unglückliche, der dies verursachte, alle Karten an sich nehmen. Anschließend beginnt er mit dem Hausbau von vorne. Wer alle seine Karten loswerden konnte, scheidet aus. Wer übrigbleibt, der hat das Nachsehen.

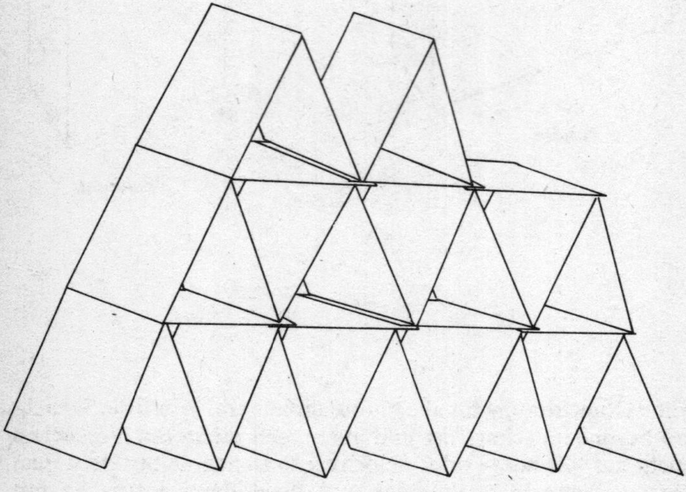

5

Auf dem Holzweg

Streichholzspielereien

Das kleinste und billigste Taschenspielzeug ist wohl eine gefüllte Streichholzschachtel. Seitdem 1903 die Sicherheitszündhölzer aufgekommen sind, haben sich unzählige kluge Köpfe Streichholzspiele ausgedacht. Selbst heute, im Zeitalter der Wegwerf-Gasfeuerzeuge, begibt man sich an Theken und Stammtischen gern »auf den Holzweg«. Im Notfall benützen die Experten auch Zahnstocher oder Cocktailspießchen. Es soll sogar Snobs unter den Legekünstlern geben, die in ihrer Westentasche goldene Streichholz-Imitationen bei sich tragen.

Vier Pärchen

Vier Männlein (Köpfe nach oben) und vier Weiblein (Köpfe nach unten) liegen nebeneinander auf dem Tisch:

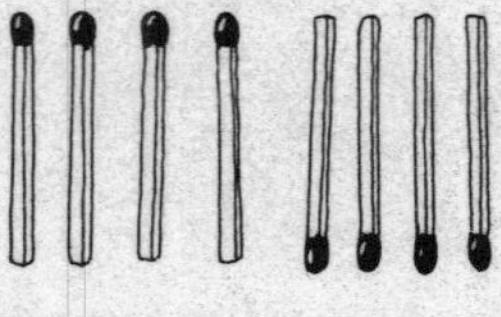

Nun legt man viermal je zwei nebeneinanderliegende Hölzchen um. Nach vier Doppelzügen ist die folgende Anordnung entstanden:

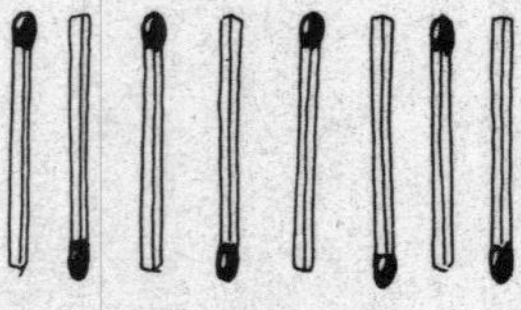

In welcher Reihenfolge schafft man dieses Kunststück?

Fünf Kreuze

Waldemar legt zum Start gern zehn Hölzchen nebeneinander auf den Tresen:

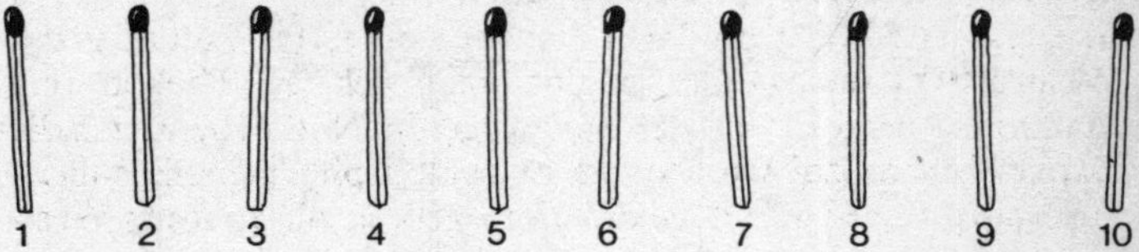

Dann legt er fünf Hölzchen um und bildet fünf Kreuze:

Dabei ist aber eines zu beachten: Wenn man ein Hölzchen aufnimmt, muß man damit zwei andere Hölzchen überspringen – entweder zwei einzelne oder ein Kreuz –, bevor man damit ein Kreuz bildet. Wer kann das nachmachen?

Drei Vierecke

Hier liegen drei Vierecke. Ein Hölzchen kommt weg, die anderen neun werden so umgelegt, daß wieder drei Vierecke entstehen.

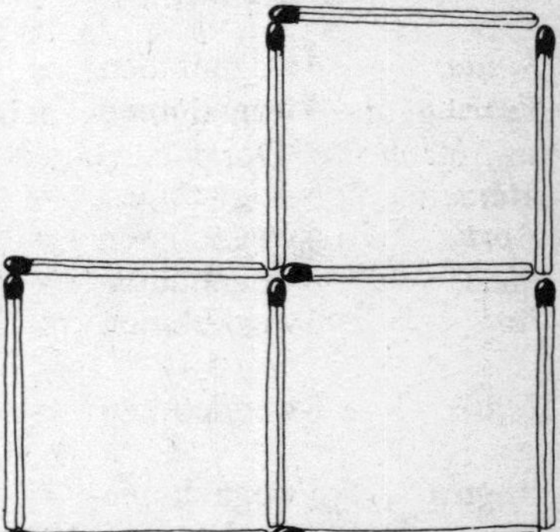

Das Jahresrätsel

Wenn erst einmal 24 Streichhölzer auf dem Tisch liegen, hat man die Möglichkeit, in jedem Monat seinen Stammtischbrüdern einen anderen Trick zu zeigen.

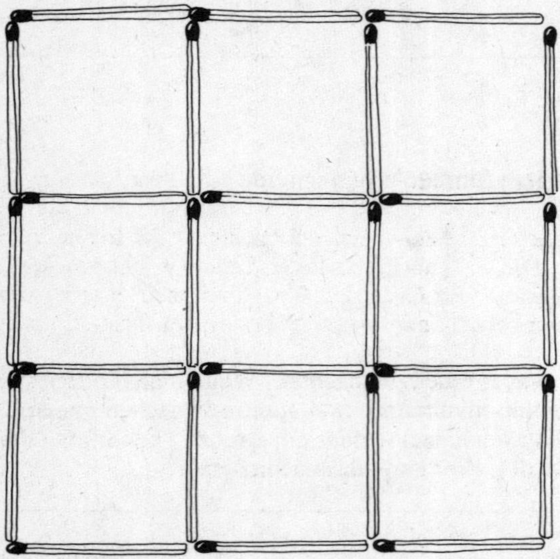

Januar:	4 wegnehmen	=	5 gleich große Quadrate
Februar:	4 wegnehmen	=	1 großes und 4 kleine Quadrate
März:	4 wegnehmen	=	6 Quadrate
April:	4 wegnehmen	=	9 Quadrate
Mai:	6 wegnehmen	=	3 verschieden große Quadrate
Juni:	6 wegnehmen	=	3 verschieden große Quadrate und 2 Rechtecke
Juli:	8 wegnehmen	=	2 gleich große und ein kleineres Quadrat
August:	8 wegnehmen	=	2 verschieden große Quadrate (zwei Lösungen)

September:	8 wegnehmen	=	4 Quadrate
Oktober:	8 verlegen	=	3 verschieden große Quadrate
November:	12 wegnehmen	=	3 Quadrate
Dezember:	12 verlegen	=	2 gleich große Quadrate

Vier Quadrate

Aus 22 Streichhölzern legt man zunächst die folgende Universalfigur. Die Aufgabe ist dann, Hölzchen wegzunehmen, so daß jeweils genau vier Quadrate übrigbleiben. Bei jeder der sechs Aufgaben geht man immer wieder von der Grundfigur aus.

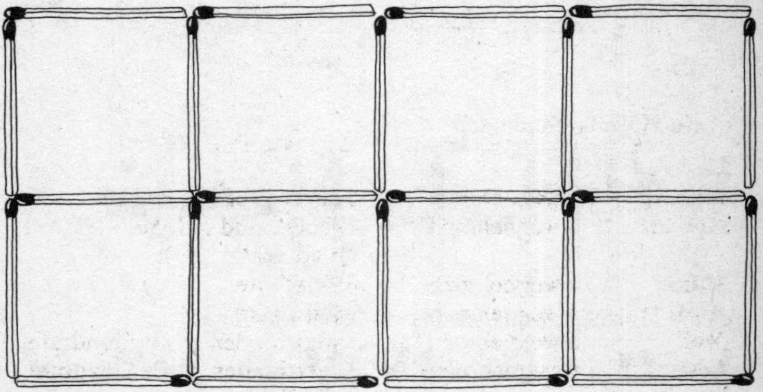

a) 10 wegnehmen
b) 9 wegnehmen
c) 8 wegnehmen
d) 7 wegnehmen
e) 6 wegnehmen
f) 5 wegnehmen

Römische Gleichungen

Eigentlich sind es Ungleichungen, die da aus römischen Zahlen gelegt wurden, doch das läßt sich leicht ändern.

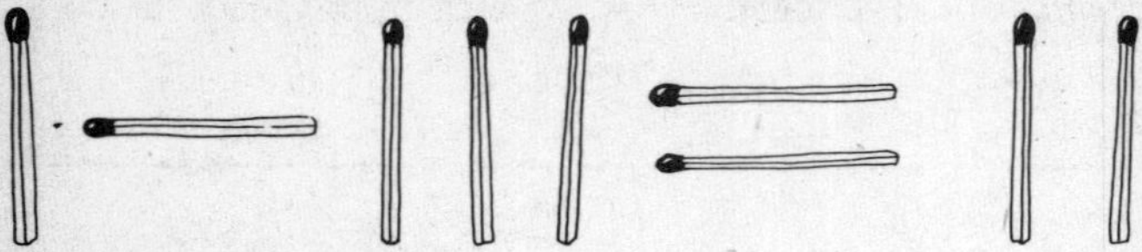

a) ein Hölzchen umlegen

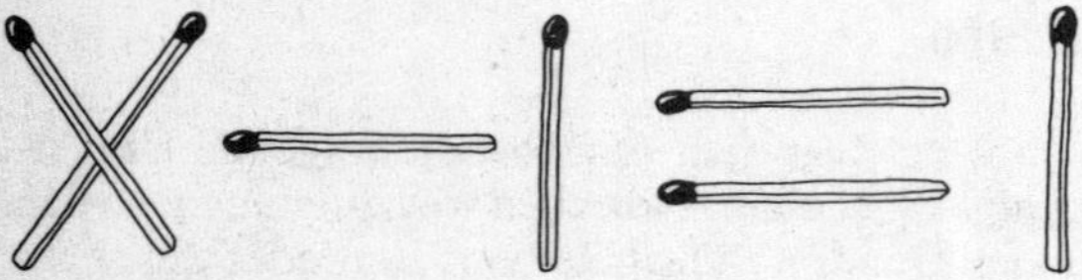

b) ein Hölzchen umlegen

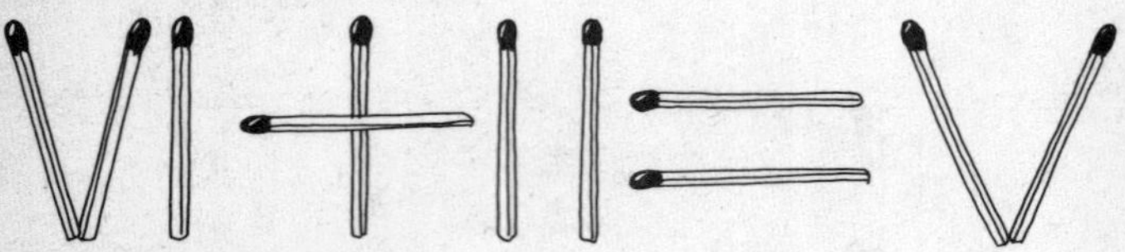

c) ein Hölzchen umlegen

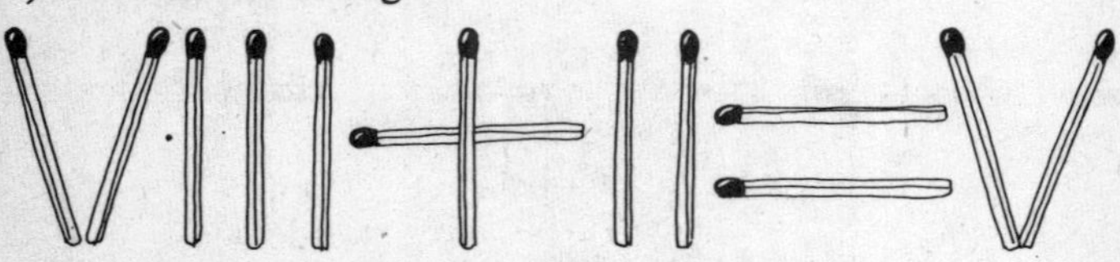

d) ein Hölzchen umlegen (es gibt zwei Lösungen)

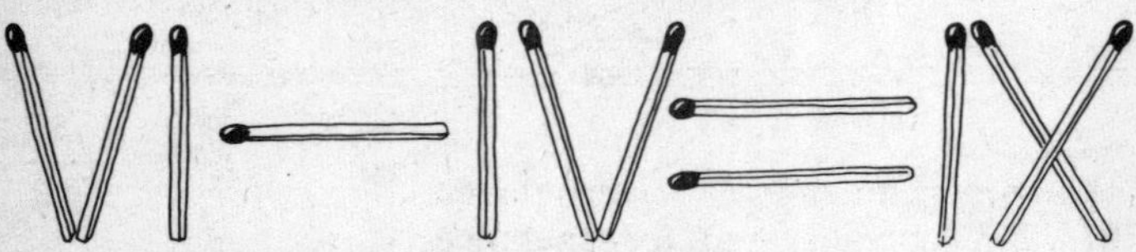

e) ein Hölzchen umlegen (es gibt zwei Lösungen)

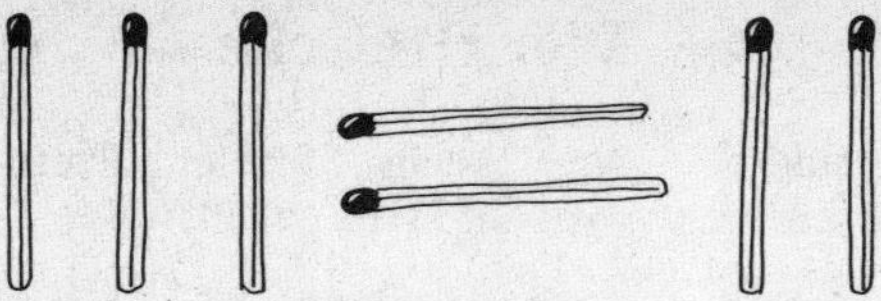

f) ein Hölzchen dazu (es gibt zwei Lösungen)

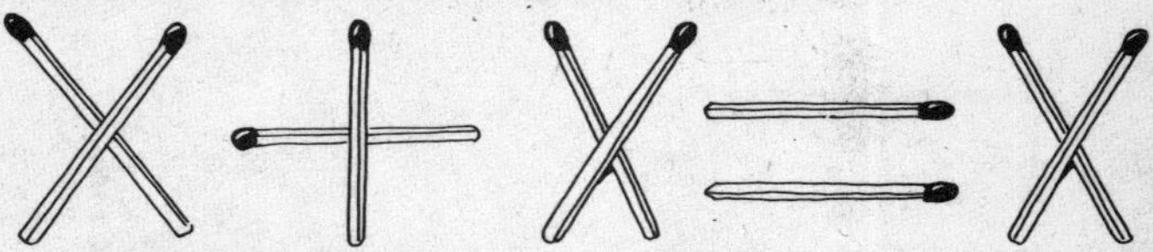

g) zwei Hölzchen umlegen (es gibt zwei Lösungen)

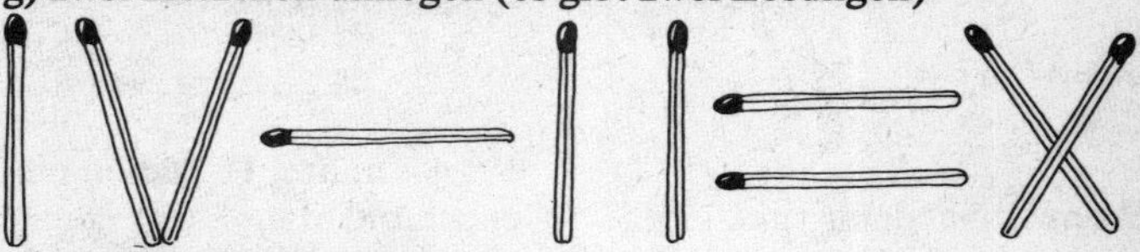

h) zwei Hölzchen umlegen

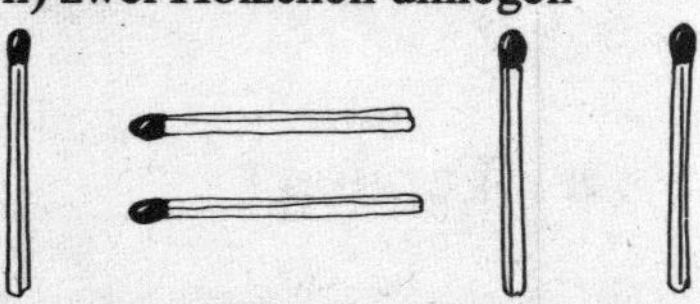

i) ein Hölzchen umlegen (schwierig!)

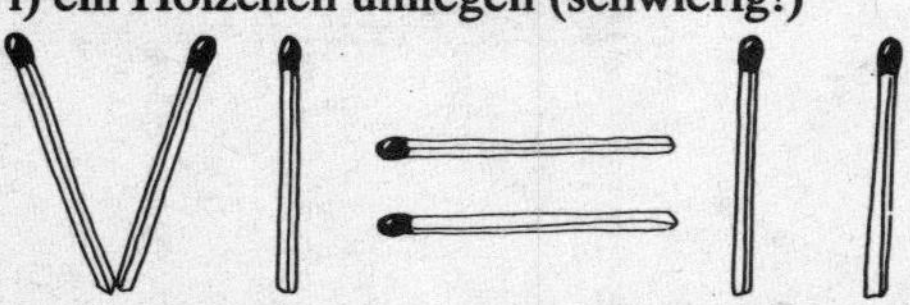

k) ein Hölzchen umlegen (sehr schwierig!)

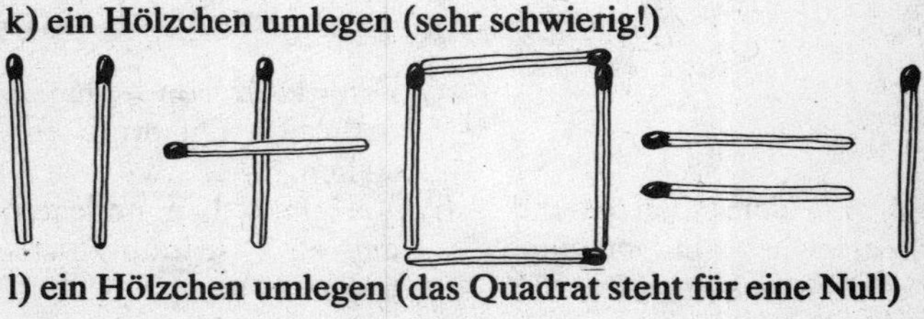

l) ein Hölzchen umlegen (das Quadrat steht für eine Null)

Der Hirsch

Aus 15 Hölzchen konstruiert man zunächst einen Hirsch:

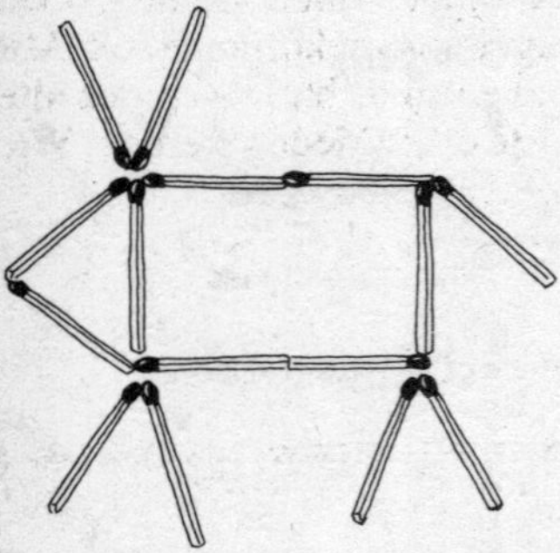

Wenn man dann drei Hölzchen umlegt, schaut der Hirsch nicht mehr nach links sondern nach rechts:

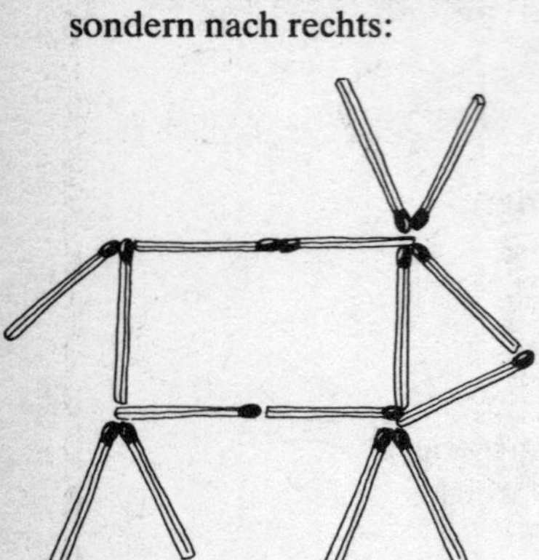

Kann man denselben Effekt auch erreichen, indem man nur zwei Hölzchen umlegt?

Vier Dreiecke

Aus sechs Streichhölzern wird ein Haus gelegt:

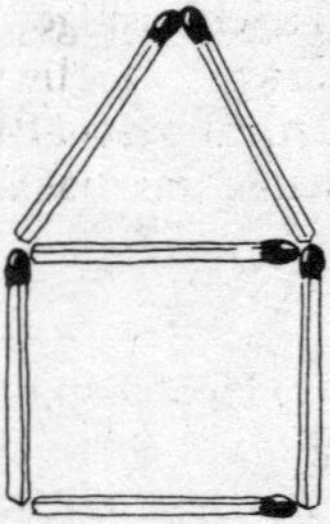

Wer kann drei Hölzchen umlegen und damit vier gleich große, gleichseitige Dreiecke bilden?

Der Tempel

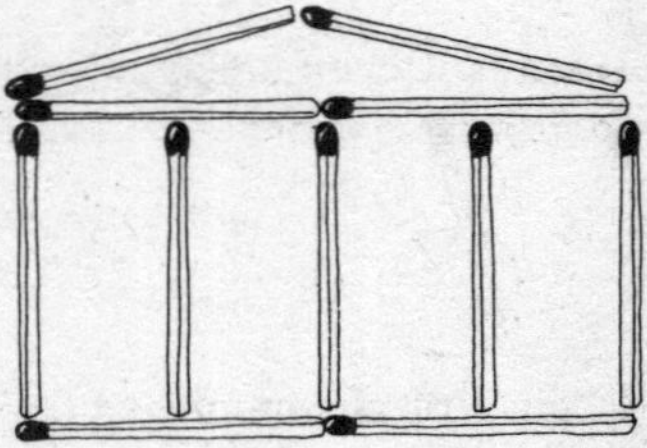

a) Zwei Hölzchen umlegen, daß zehn Quadrate entstehen.
b) Vier Hölzchen umlegen, daß elf Quadrate entstehen.

Die Grundstücksteilung

Ein Vater vermachte seinen vier Söhnen ein Grundstück (16 Streichhölzer), auf dem vier Bäume (Münzen) stehen. Testamentarisch hat er festgelegt, daß jeder einen gleich großen und gleichförmigen Teil sowie einen Baum bekommen soll. Mit der Frage, wie die Grenzen zu ziehen sind, hatte sich der alte Herr nicht beschäftigt, und so konnte er in Frieden sterben. Wie muß man das machen?

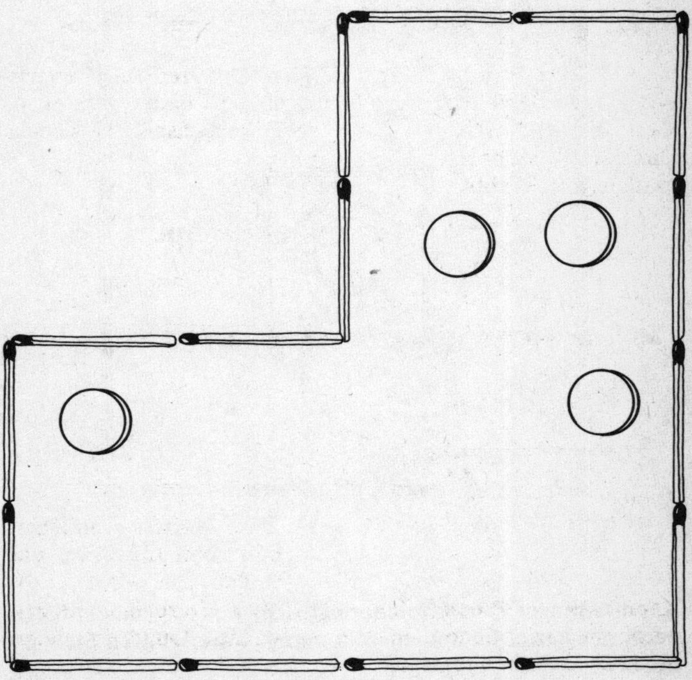

Der kleine Affe

Mitten in einem quadratischen Teich (zwölf Streichhölzer) liegt eine quadratische Insel (vier Streichhölzer). Dort sitzt ein kleiner Affe (eine Münze) und überlegt, wie er ans Land kommt. Er kann nämlich nicht schwimmen, das Wasser ist zum Durchwaten zu tief und zum Überspringen zu breit.
Da kommt ein Tierfänger, baut aus zwei Hölzchen eine stabile Brücke und holt den Affen von der Insel. Ein Hölzchen hätte nicht genügt, dazu ist das Wasser zu breit. Wie macht er das?

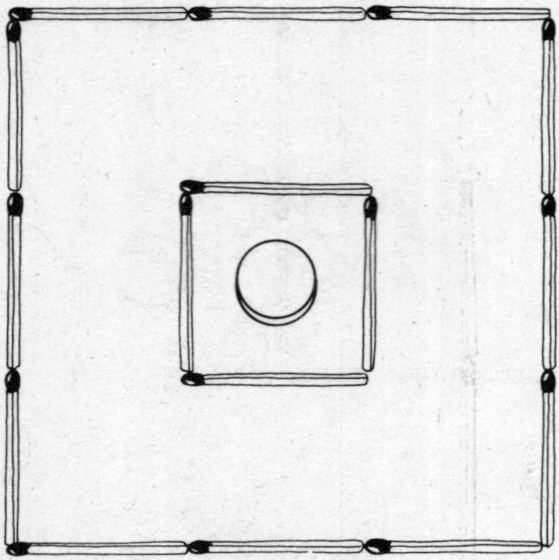

Anschlußfrage: Der Affe überlegt sich, was er gemacht hätte, wenn der gute Mann nicht gekommen wäre. Hätten Sie's gewußt?

Der Fischteich

Zwischen vier alten Weidenbäumen (Münzen) liegt ein quadratischer Fischteich (acht Streichhölzer). Der Fischer möchte doppelt so viele Fische einsetzen und daher seinen Teich mindestens auf die doppelte Größe ausbaggern lassen. Doch dabei hat er sich zwei Einschränkungen auferlegt: Die Weidenbäume sollen stehenbleiben, und der vergrößerte Fischteich soll wiederum eine quadratische Form haben. Geht das?

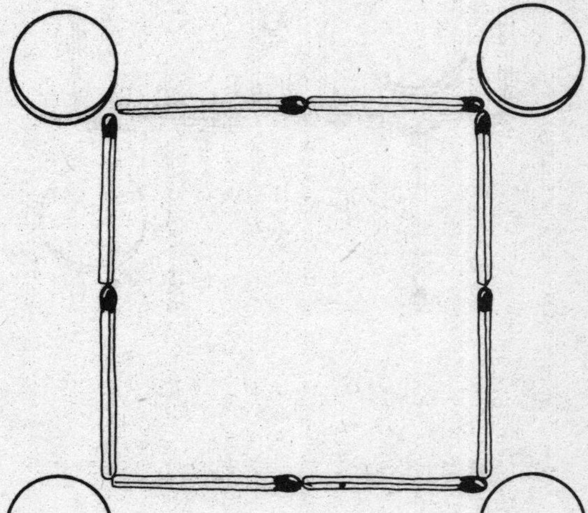

Das Cocktailglas

In einem Cocktailglas (vier Streichhölzer) liegt eine Olive (eine Münze). Der Gast an der Theke mag keine Oliven, daher möchte er sie aus dem Glas herausnehmen. Der Barmixer erlaubt ihm nur folgendes: Zwei Hölzchen dürfen umgelegt werden, die anderen beiden Hölzchen und die Olive dürfen nicht bewegt werden. Dann hat das Glas seine ursprüngliche Form behalten, und die Olive liegt außerhalb. Welche Hölzchen werden wie umgelegt?

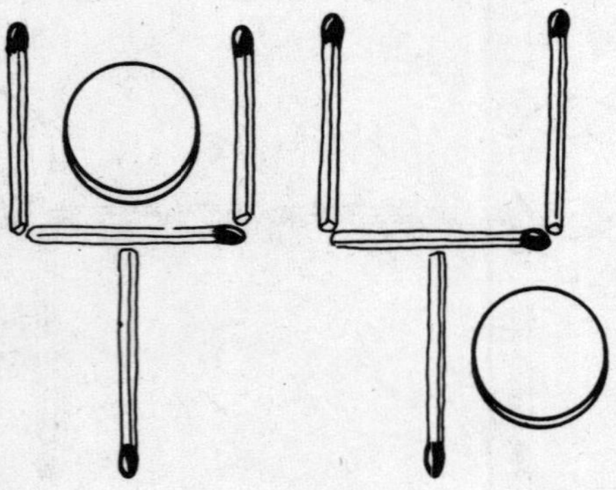

Eine runde Sache

Münzspielereien

Münzen sind im allgemeinen eine runde Sache, denn die viereckigen Geldstücke blieben die Ausnahmen, belehrt uns Waldemar. Die Vorderseite (»Avers«) trägt das Hoheitszeichen (Wappen, Herrscherporträt oder andere Embleme), die Rückseite (»Revers«) zeigt an, wieviel das ganze wert ist. »Kopf« und »Zahl« sagt das Volk dazu. Mit der ersten Prägung von Münzen auf der griechischen Insel Ägira um 700 v. Chr. beginnt die Geschichte des Geldes im eigentlichen Sinne. Nun konnte man sein Vermögen in der Hosentasche spazierentragen und damit Handel treiben. Oder allerlei Münzspielereien durchführen.

Quicky

Fünf Münzen sind so ausgelegt, daß sie zwei Reihen zu je drei Münzen bilden.
Nun wird eine Münze vom Rand weggenommen. Wie muß man eine der verbliebenen Münzen umlegen, damit wieder zwei Reihen zu je drei Münzen entstehen?

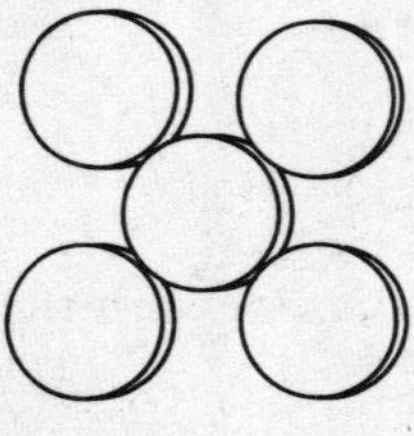

Hasenjagd

Ein Spiel für zwei Personen, ausgetragen auf der Rückseite eines Bierdeckels. Oder auf einer Serviette, die man nur falten und wieder öffnen braucht, um den Spielplan zu konstruieren. Abwechselnd wird gezogen. Die Jäger (fünf große Münzen) ziehen waagrecht oder senkrecht, der Hase (eine kleine Münze) zieht waagrecht oder senkrecht oder diagonal. Schaffen es die Jäger, den Hasen in weniger als 21 Zügen einzusperren? Wenn nicht, hat der Hase gewonnen. Weidmanns Heil!

Münzenschieben 1

Zehn Münzen bilden ein gleichseitiges Dreieck, dessen Spitze nach oben liegt.
Wie viele Münzen muß man umschieben, damit ein gleichseitiges Dreieck aus zehn Münzen entsteht, dessen Spitze unten liegt?

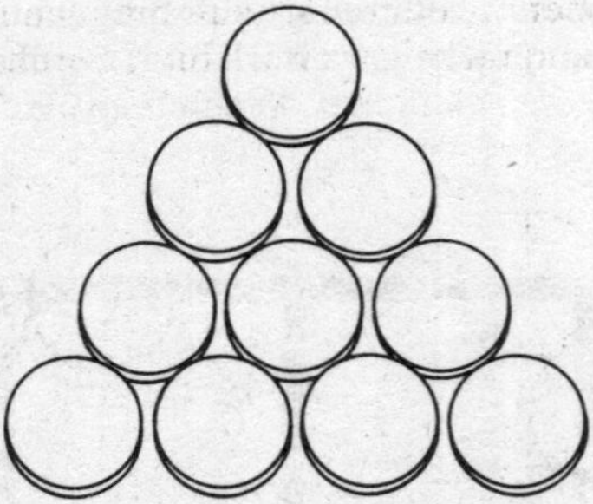

Dreierreihen

Diese neun Münzen bilden acht Dreierreihen, und zwar drei waagrechte, drei senkrechte und zwei diagonale.
Wer kann diese neun Münzen so anordnen, daß sie nicht acht sondern zehn Dreierreihen bilden?

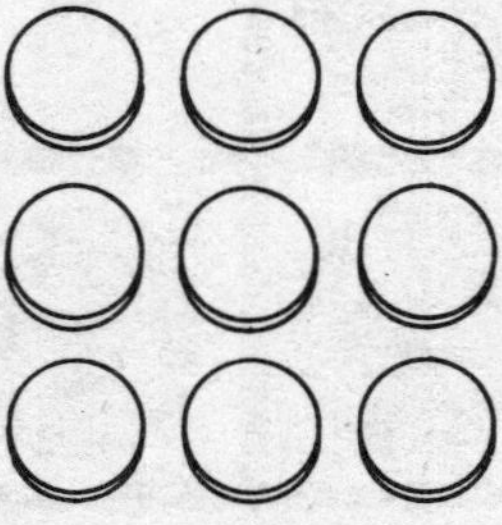

Münzschieben 2

Sechs Münzen bilden ein gleichseitiges Dreieck. Aus diesem Dreieck soll durch Schieben einzelner Münzen ein Sechseck gebildet werden, in dessen freien Platz in der Mitte genau eine Münze paßt.
Das klingt zunächst einfach. Der Haken ist dieser: Wenn eine Münze verschoben wird, muß sie auf ihrem neuen Platz zwei andere Münzen (und nicht etwa nur eine!) berühren.

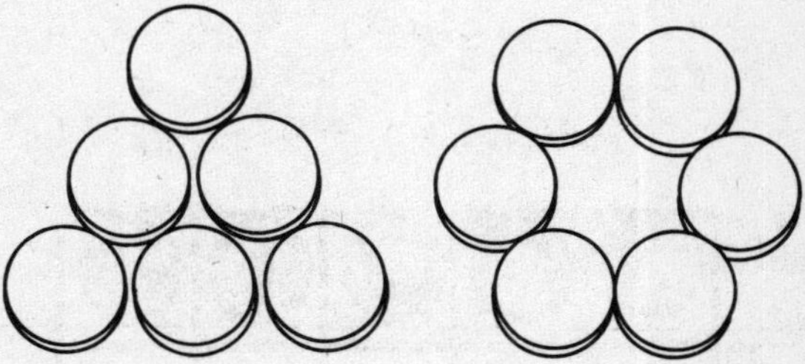

Mini-Gobang

Ein Spiel für zwei Personen, ausgetragen auf der Rückseite eines Bierdeckels oder auf einer Serviette.
Abwechselnd wird gezogen, und zwar waagrecht, senkrecht oder diagonal. Der eine zieht mit »Kopf«, der andere mit »Zahl«. Gewonnen hat, wem es gelingt, seine fünf Münzen in eine Reihe zu bringen. Und zwar wiederum in eine waagrechte, senkrechte oder diagonale Anordnung.

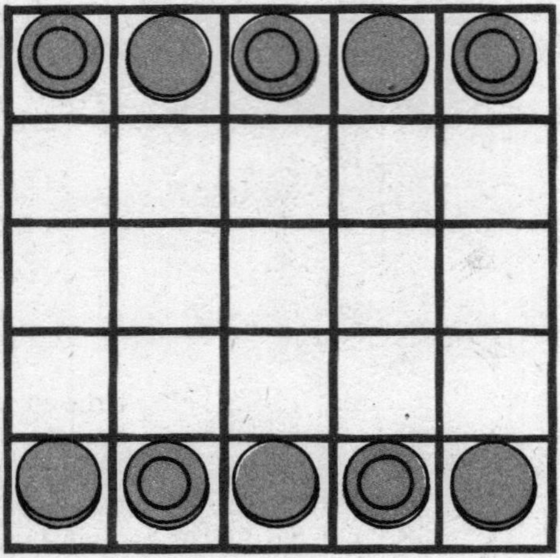

Platzwechsel

Der Spielplan hat sieben Felder, die von acht Streichhölzern begrenzt werden. Links liegen drei Kupfermünzen (oder Münzen mit dem Kopf nach oben), rechts liegen drei Silbermünzen (oder Münzen mit der Zahl nach oben).

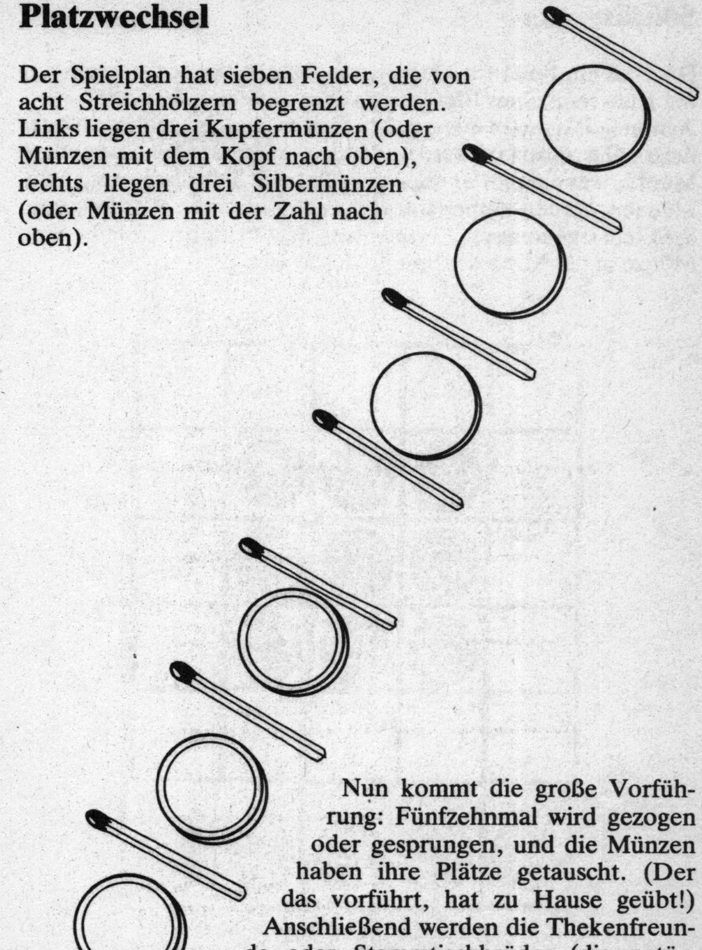

Nun kommt die große Vorführung: Fünfzehnmal wird gezogen oder gesprungen, und die Münzen haben ihre Plätze getauscht. (Der das vorführt, hat zu Hause geübt!) Anschließend werden die Thekenfreunde oder Stammtischbrüder (die natürlich nicht geübt haben!) gebeten, dasselbe nachzumachen. Vorher kann gewettet werden.

Solitär

Diesmal ein Spiel für *eine* Person, wiederum ausgetragen auf der Rückseite eines Bierdeckels oder auf einer Serviette.
Achtmal darf mit beliebigen Münzen waagrecht, senkrecht oder diagonal gesprungen werden. Und zwar immer über eine andere Münze, wenn dahinter ein freier Platz ist. Die übersprungenen Münzen werden immer sofort von der Serviette (Pardon: vom Spielfeld) genommen. Nach dem achten Sprung bleibt eine Münze in der Mitte des Spielfeldes liegen.

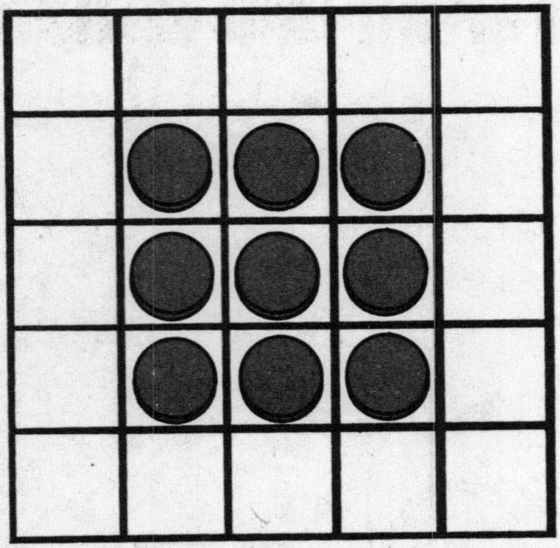

7

Werfen und Rollen

Kneipensport

In der mittleren Altsteinzeit – und das ist immerhin schon über 100000 Jahre her – wurde der heimelige Herd zum Mittelpunkt der menschlichen Behausung. Hierher kehrte der Jäger, Fischer und Fallensteller müde von der Pirsch zurück, stellte seine Fellschuhe in die Ecke und ließ sich erst einmal ein Trinkhorn mit Honigwein kredenzen. Dann verspeiste er einen Bärenschinken, polierte seine Wurfsteine und schärfte die Feuerstein- und Knochenspitzen seiner Speere und Harpunen. Anschließend machte er im Höhleneingang Wurfübungen auf Steine, Gruben und Holzscheiben und wurde so zum ersten Kneipensportler der Menschheitsgeschichte.

Die Höhlen-Hausfrau duldete wohl das Pfeilwerfen, solange es in einer stillen Ecke stattfand und die Wurfgeschosse nicht in den Suppentopf fielen, aber das Gepolter der Steine ging ihr bald auf die Nerven. So kommt es, daß man noch heute in jedem Pub mit Darts auf Scheiben werfen darf, daß aber das Schleudern und Rollen von Kugeln und Steinen in den Wirtshausgarten oder Keller verlegt wurde. Um wieder in die Wärme der guten Stube zurückzukommen, erfanden die verbannten Kneipensportler Mini-Versionen ihrer Lieblingsspiele, und so entstanden Belustigungen wie Shuffle-Board, Pool-Billard und Tischkegeln.

Im 14. Jahrhundert hatten die Engländer mit Pfeil und Bogen fertigungs- und schießtechnisch einen besonders hohen Standard erreicht, wie man in jedem Robin-Hood-Film sehen kann. Es ist glaubhaft überliefert, daß die mittelalterlichen Bogenschützen zur Unterhaltung in Tavernen mit abgebrochenen Pfeilen auf blanke Holzscheiben oder auf die Bodenbretter von Weinfässern warfen. Aus diesen derben Anfängen wurde Darts im 16. Jahrhundert zur verfeinerten Kurzweil am Hofe der Tudors.

Your dart, Sir!

Anna Boleyn, die Mutter der Königin Elisabeth I., schenkte ihrem Geliebten und heimlichen Gemahl Heinrich VIII. einen Satz prächtig verzierter »dartes of Biscayan Fashion«. Er dankte es ihr nicht, wie man weiß, und ließ sie 1536 enthaupten. Doch der Erfolg des Spiels ließ sich nicht mehr aufhalten. Als 1620 die Pilgerväter mit der berühmten »Mayflower« nach Neuengland fuhren, brachten sie die kleinen Pfeile und das nötige Know-how nach Amerika.
Heute gibt es im Lande Robin Hoods über acht Millionen Darts-Spieler. Allein eine Million davon ist in Clubs organisiert. In den USA zählt man mittlerweile über zwei Millionen Darts-Fans, und auch bei uns hat sich das Spiel mit den Pfeilen durchgesetzt. Spezialfirmen bieten heute über 80 verschiedene Pfeilmodelle an. Aus Messing oder Stahl, in Kupfer-, Nickel-, Wolfram- oder Silberlegierungen, mit einem Gewicht von 13 bis 42 Gramm. Wenn man es auch nach wie vor hauptsächlich in Gaststätten spielt, so hat sich doch dem Vernehmen nach – zumindest in England – die feine Art der Tudors gehalten. Man sagt dort nämlich keinesfalls »Sie sind dran!« sondern stets korrekt »Your dart, Sir!«

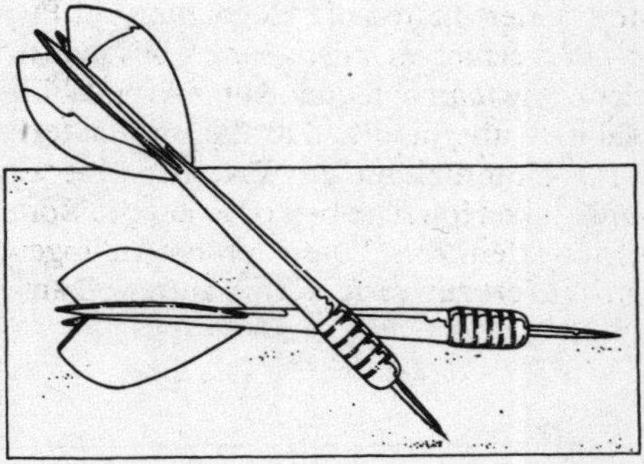

Pfeilewerfen

Die Scheibe wird so aufgehängt, daß ihr Mittelpunkt 1,73 m über dem Boden ist. Die Mindestwurfdistanz von 2,37 m wird auf dem Boden mit einer Wurflinie (»Hockey«) markiert, die man nicht betreten darf. Jeder Spieler wirft jeweils drei Pfeile hintereinander, die nur dann zählen, wenn sie in der Scheibe steckenbleiben.

Die Scheibe ist aus gepreßtem Kork, aus gepreßten Borsten oder aus Ulmenholz und hat 20 Segmente, die mit Zahlen bezeichnet sind. Aus diesen Zahlen errechnet sich der Punktewert. Und zwar zählen sie im äußeren schmalen Ring doppelt, im inneren Ring dreifach und sonst einfach. Das Zentrum (»Bull's eye«) wird mit 50, der Ring um das Zentrum mit 25 Punkten bewertet.

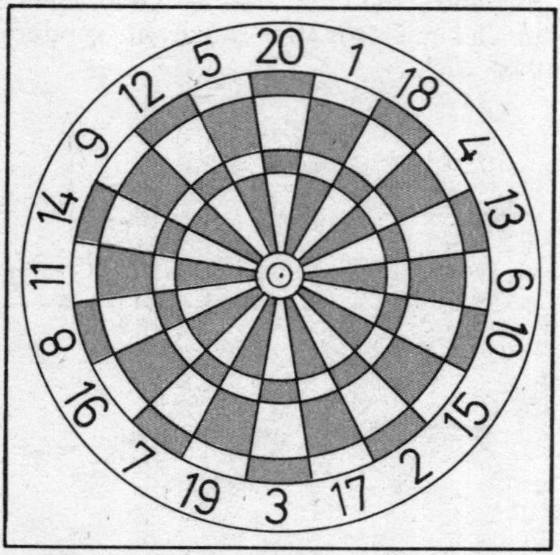

Die internationale Darts-Scheibe

Jeder Spieler beginnt mit einem bestimmten Punktekonto. In der Regel mit 301 oder 501 Punkten, von denen die erzielten Würfe solange abgezogen werden, bis das Konto genau auf Null steht. Um mit dem Zählen bzw. Abziehen beginnen zu können, muß ein Spieler jedoch zunächst ein »Doppel« machen, also mit einem Pfeil im äußeren Ring landen. Steckt der erste Pfeil also z. B. im äußeren Ring des Segments 9, dann darf er sich 18 Punkte von den vorgegebenen 301 abziehen. Auch der letzte Wurf, der die Punkte schließlich auf genau Null reduziert, muß ein »Doppel« sein. Wer also z. B. noch 40 Punkte übrig hat, versucht eine doppelt zu zählende 20 zu werfen. Wirft er z. B. eine einfache 20, dann braucht er zum Gewinnen eine doppelte 10. Wer beim letzten Wurf eine höhere Punktezahl wirft als er benötigt, der hat seinen letzten Wurf »gesprengt«, und alle drei Pfeile zählen nichts. Er bleibt auf der Punktezahl stehen, die er vor dem Wurf hatte, und muß nun warten, bis er wieder drankommt. Oder zusehen, wie ein anderer vor ihm fertig wird.

Die Kegelkorken für das Korkenkegeln (Seite 84)

Korkenkegeln

Bei Waldemar ist leider kein Platz für Darts, sonst hätten wir sicher schon längst mit dem Pfeilwerfen begonnen. Doch auch in unserer Kneipe gibt es sportliche Betätigungen.
Eines Tages hatten wir zehn Weinflaschen geleert. Zehn Korken lagen auf dem Tisch und inspirierten uns zu einem ungewöhnlichen Spiel: Ein Korken ist die Kugel, neun Korken sind die Kegel. Einer davon wird mit einem Streichholzkopf zum König gekrönt.
Das Kegeln kann beginnen! Die neun Kegel werden im Geviert aufgestellt, die Kugel wird mit Mittelfinger und Daumen nach vorne geschnippt. Wie beim echten Kegeln geht es entweder »in die Vollen« oder »mit Abräumen« oder »auf Bilder«. Nur der Kegelbube hat's schwer. Gut Holz!

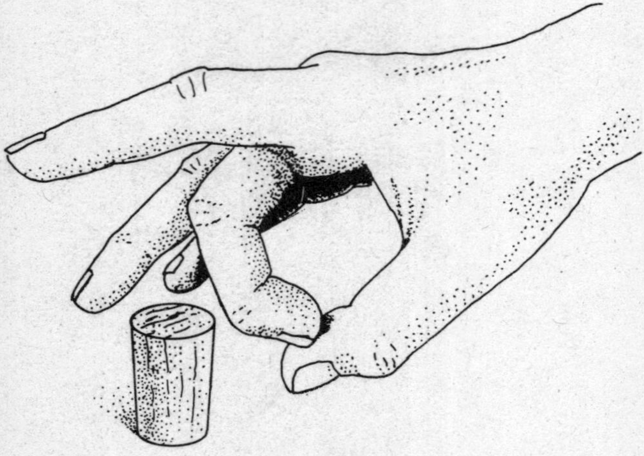

8

Des Teufels Gebetbuch

Spielkarten und Kartenspiele

Schon seit Jahrtausenden spielen die Chinesen mit bunten numerierten Steinen, die sie »Mah-Jongg« nennen, erzählte uns Waldemar, als er wieder einmal seine spielhistorische Periode hatte. Doch erst in der Tang-Zeit (618–908) druckten sie die farbigen Muster auf Papier. So entstanden die Spielkarten, die Marco Polo 1292 nach Europa brachte, als er von seiner großen Reise nach China zurückkehrte. Das Know-how, was man damit alles anstellen kann, verbreitete sich sehr schnell. Die ersten Verbote gegen Spielkarten und Kartenspiele wurden 1378 in Regensburg und Konstanz erlassen. Doch der menschliche Spieltrieb war stärker als die Verteufelungen, und so sind heute Hunderte von Spielarten bekannt, wie man mit den 32 bis 108 Spielkarten umzugehen hat.
In der Kneipe spielt man gern um die Bezahlung des Biers, das beim Kartenklopfen getrunken wird. Aus dem 18. Jahrhundert sind zahlreiche Stichspiele wie »Bierlachs«, »Cerevis« und »Pereat« bekannt, bei denen man bestimmte Formalitäten beachten muß, die beim normalen Skat nicht vorkommen. Wortverstöße wurden gern mit »Schwalben« bestraft, dem Abtrinken eines gewissen Quantums Bier.

Lügen

Ein Ablegespiel für 3 oder 4 Personen mit 32 Karten, oder für 5 bis 8 Personen mit 54 oder 64 Karten

1. Die Karten werden gemischt, abgehoben und einzeln verteilt. Die letzte Karte kommt offen in die Mitte des Tisches und bestimmt die Farbe, nach der abgelegt werden soll: Herz, Pik, Karo oder Kreuz.
2. Reihum legen die Spieler immer eine Karte nach der anderen verdeckt in die Mitte auf einen Stapel und sagen dabei laut die geforderte Farbe. (Z. B.: »Herz – Herz – Herz!«) Dabei darf jedoch gelogen werden. Hauptsache, man wird nicht erwischt dabei.
3. Wenn ein Spieler an der Reihe ist, darf er die Ablage seines Vorgängers anzweifeln, indem er »Halt!« ruft und die Karte aufdeckt.
4. Hat der Zweifler recht, muß der ertappte Lügner alle bisher abgelegten Karten an sich nehmen. Hat der Zweifler unrecht, bekommt er selbst den ganzen Ablagestapel zugeteilt.
5. Der Spieler, der den Stapel an sich nehmen mußte, beginnt eine neue Runde, indem er offen eine Karte in die Mitte legt. Diesmal muß jedoch mit einer anderen Farbe als vorher eröffnet werden.
6. Wer alle Karten ablegen konnte, scheidet aus. Die letzte Karte, die einer ablegt, darf nicht mehr angezweifelt werden.
7. Die anderen spielen weiter, bis schließlich nur noch einer übrigbleibt.

Hürdenlauf

Ein Ablegespiel für 3 bis
6 Personen mit 32 Karten.

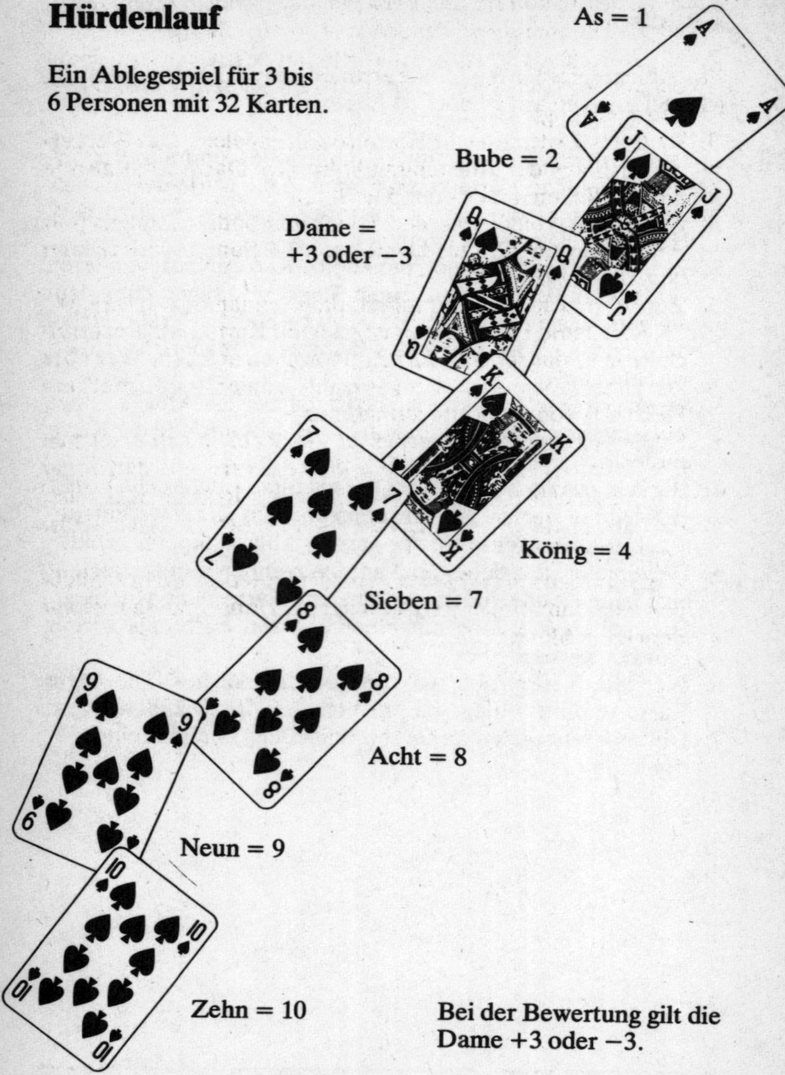

Bei der Bewertung gilt die
Dame +3 oder −3.

1. Zunächst bekommt jeder Spieler fünf Streichhölzer, die er im Verlauf mehrerer Runden loswerden soll.
2. Die Karten werden gemischt, abgehoben und verteilt. Jeder bekommt gleich viele. Ergibt sich ein Rest, so wird dieser beiseite gelegt.
3. Reihum werden nun die Karten offen abgelegt. Der Wert ergibt sich aus der Aufstellung links. Die Dame zählt also je nach Belieben minus oder plus 3.
4. Bei diesem Ablegen werden die Werte ständig summiert (mit Ausnahme einer Minus-Dame), und die Summe wird reihum laut angesagt.
5. Zunächst kommt es darauf an, die »Schnapszahlen« 55, 66, 77, 88, 99 und 111 mit einer abgelegten Karte genau zu erreichen. Wer das schafft, darf ein Hölzchen ablegen. Wer aber als erster über eine »Schnapszahl« zählen muß, muß ein Hölzchen von der Mitte aufnehmen.
6. Schließlich kommt es darauf an, die Zahl 120 zu erreichen oder darüber hinauszuzählen. Wer das erreicht, darf sogar fünf Hölzchen ablegen. Wer dann keine Hölzchen mehr hat, darf ausscheiden. Die anderen spielen einen weiteren »Hürdenlauf«.
7. Am Ende – nach mehreren »Hürdenläufen« – bleibt schließlich einer auf Streichhölzern »sitzen«. Unnötig zu sagen, was dem dann blüht.

Elfern

Ein Stichspiel für 2 bis 4 Personen mit 32 Karten

1. Die Karten werden gemischt, abgehoben und einzeln reihum verteilt, bis jeder sechs Karten hat. Die restlichen Karten kommen als Talon in die Mitte.
2. Vorhand spielt aus, die anderen »bedienen« nach Belieben. Es gibt also weder Trumpf noch Stichzwang. Hauptziel ist es, möglichst viele der 20 Wertkarten zu kassieren. Die Reihenfolge der Kartenwerte ergibt sich aus der Aufstellung rechts.
3. Nach jedem Stich werden vom Talon weitere Karten aufgenommen.
4. Wer in einem Spiel elf Wertkarten oder mehr erringen konnte, darf ausscheiden. Die anderen spielen weiter, bis nur noch einer übrigbleibt, der dann die übliche Runde zu spendieren hat.

Beim Elfern muß man mindestens elf Wertkarten kassieren.

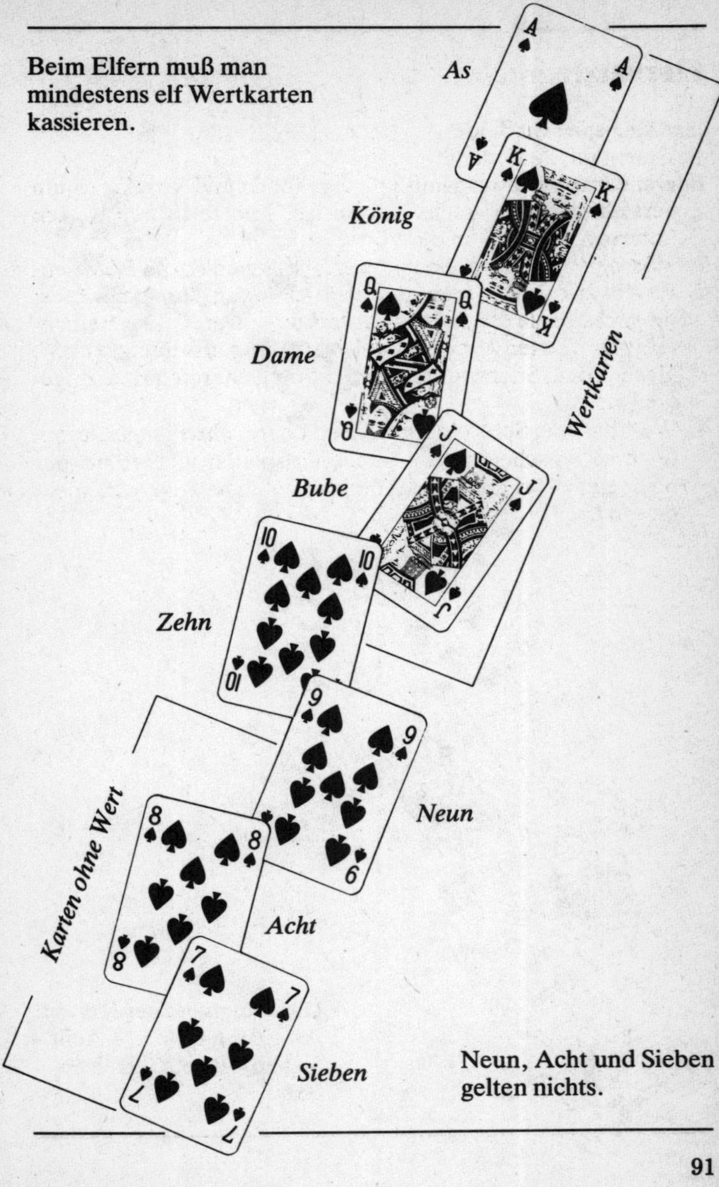

Neun, Acht und Sieben gelten nichts.

Der letzte Stich

Ein Stichspiel für 3 oder 4 Personen mit 32 Karten, oder für 5 bis 8 Personen mit 2 × 32 Karten.

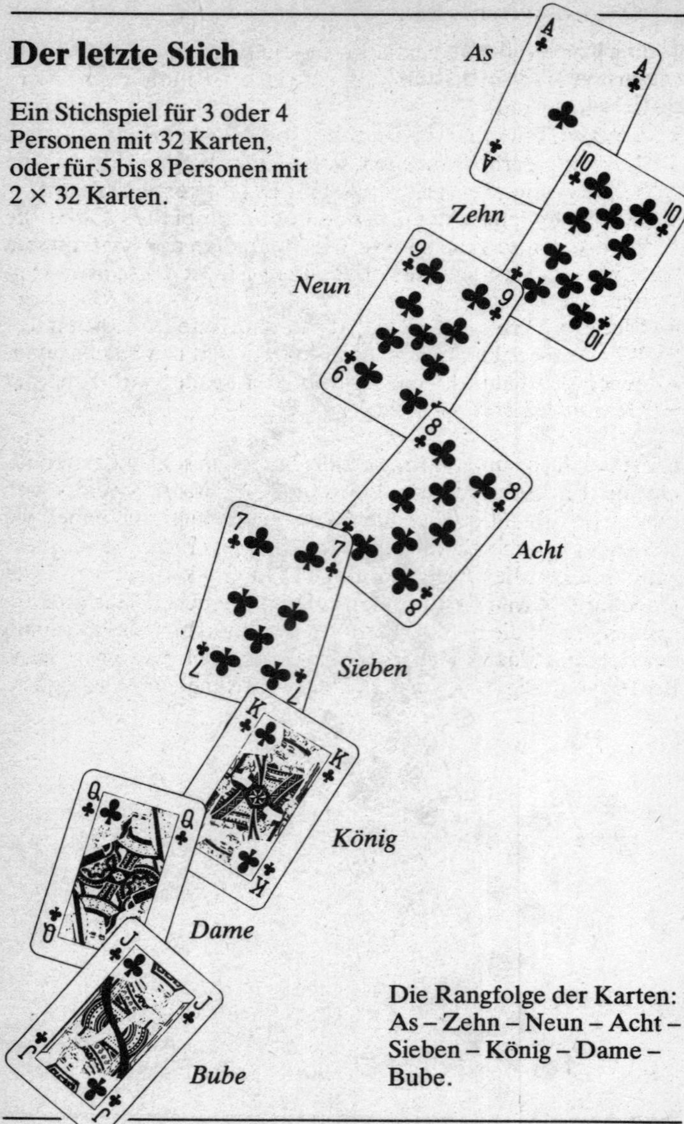

Die Rangfolge der Karten: As – Zehn – Neun – Acht – Sieben – König – Dame – Bube.

1. Die Karten werden gemischt, abgehoben und reihum einzeln verteilt. Was nicht mehr für eine ganze Runde reicht, wird beiseite gelegt.
2. Vorhand spielt aus, die anderen müssen »bedienen«, also in derselben Farbe dazulegen, wenn dies möglich ist, sonst eine beliebige andere Karte abwerfen. Es gibt keinen Trumpf.
3. Der Stich gehört dem, der in der ausgespielten Farbe die höchste Karte gespielt hat. Die Rangfolge der Kartenwerte ergibt sich aus der Aufstellung links, sie ist sehr ungewöhnlich.
4. Wer den Stich gemacht hat, darf als nächster ausspielen.
5. Wer den letzten Stich machen konnte, hat das Spiel gewonnen! Er darf ausscheiden. Die anderen spielen weiter, bis der Gesamtverlierer feststeht.

Dieses einfache und originelle Spiel hat schon so manchen routinierten Kartenfuchs zum Verzweifeln gebracht. Zum einen kommt es nur auf den letzten Stich an, zum anderen haben die Karten eine ungewöhnliche Reihenfolge, bei der die »Bilder« ganz unten in der Rangordnung liegen. Es kommt bei dieser »Stecherei« darauf an, daß man anfangs versucht, niedrig auszuspielen, damit die hohen Werte auf der Hand bleiben. Doch mit der richtigen Taktik kann man die Gegenspieler zwingen, hohe Karten vorzeitig auszuspielen. Der Farbzwang macht's möglich.

Siebzehn und vier

Ein Glücksspiel für 2 bis 7
Spieler mit 32 Karten.

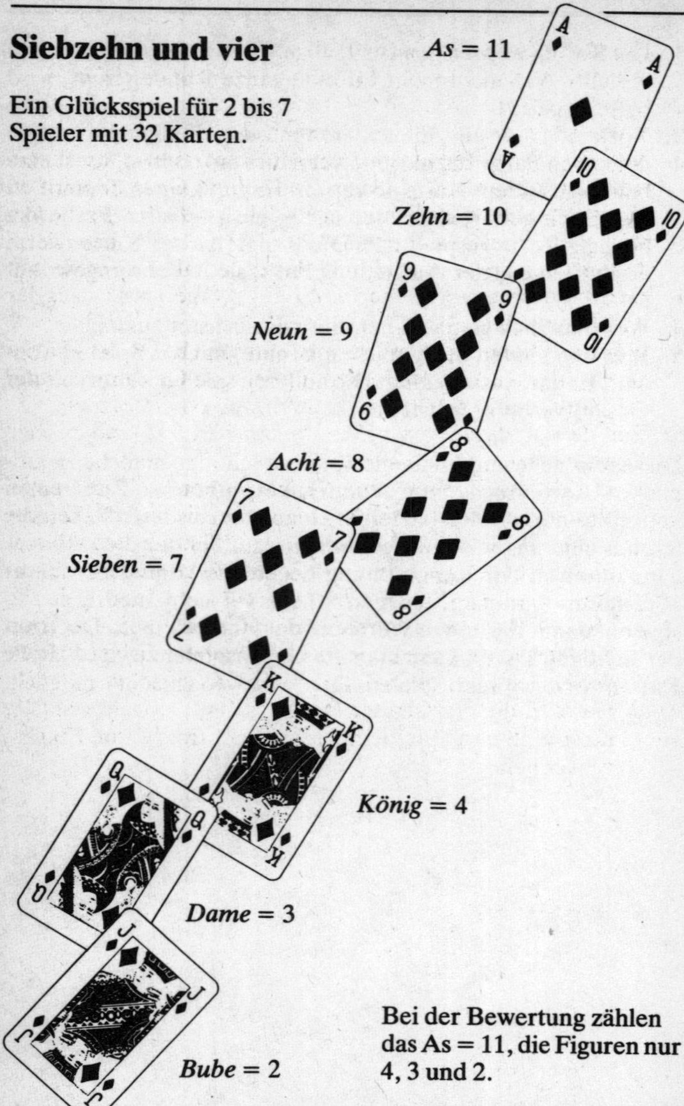

Bei der Bewertung zählen das As = 11, die Figuren nur 4, 3 und 2.

1. Einer macht den Bankhalter, mischt, läßt abheben und gibt jedem Gegenspieler und sich selbst verdeckt eine Karte.
2. Die Gegenspieler schauen sich ihre Karte an und setzen einen bestimmten Betrag, indem sie ihn vor sich hinlegen.
3. Nun kann jeder Gegenspieler vom Bankhalter noch ein bis vier Karten kaufen. Mit dem Ziel, einen Gesamtwert von 21 zu erreichen oder zumindest möglichst dicht darunter zu bleiben. Keinesfalls darf man aber über 21 kommen, denn dann ist der Spieler »tot«, und der Bankhalter zieht dessen Einsatz sofort ein. Die Wertungspunkte ergeben sich aus der Aufstellung links.
4. Wenn alle Spieler gekauft haben, kauft auch der Bankhalter ein bis vier Karten. Dann nennt er seinen Gesamtwert und den Wert, der darüberliegt. Zum Beispiel: »20, 21 zieht!«
5. Nun decken die Gegenspieler ihre Karten auf, und es wird abgerechnet.
   a) Hat der Bankhalter genau 21, kassiert er den Einsatz von denen, die auch 21 haben. Von denen, die unter 21 liegen, kassiert er doppelt. Diese Spieler müssen also noch einmal den Betrag, den sie schon eingesetzt haben, bezahlen.
   b) Hat der Bankhalter unter 21, kassiert er den Einsatz von denen, die gleichviel oder weniger haben. Er verdoppelt denen den Einsatz, die mehr haben als er.
   c) Hat sich der Bankhalter »totgekauft«, also mehr als 21, dann muß er allen, die noch im Spiel sind, ihren Einsatz verdoppeln.

Schwimmen

Ein Kombinationsspiel für
3 bis 9 Personen mit 32 Karten.

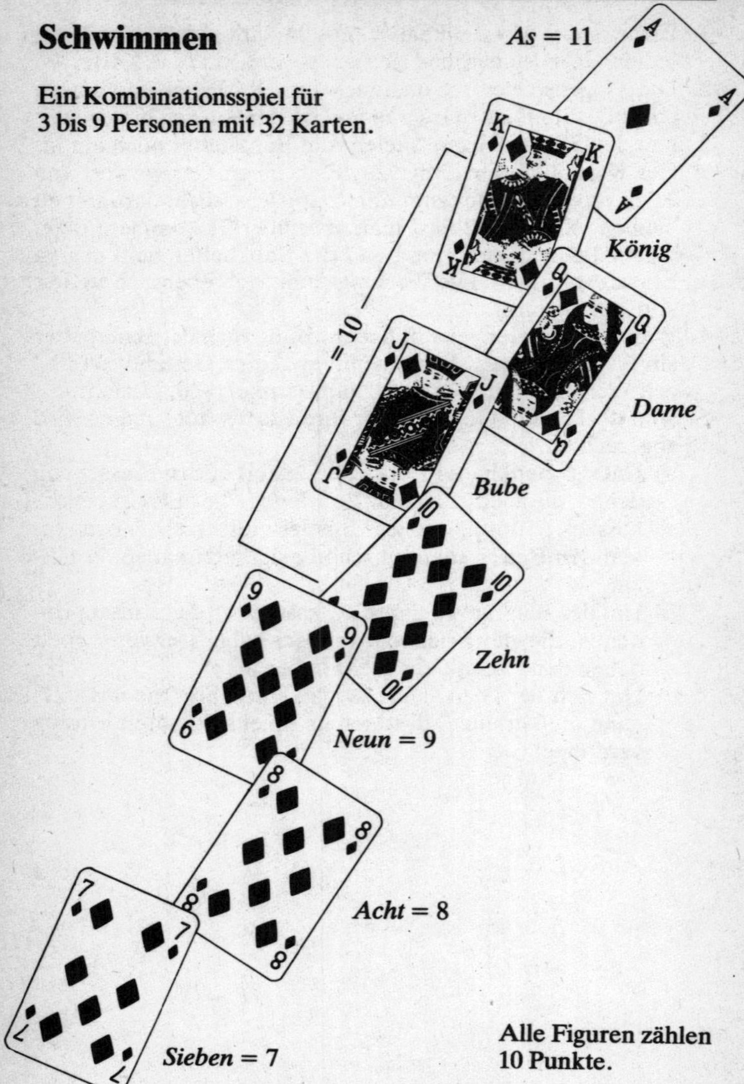

Alle Figuren zählen
10 Punkte.

1. Jeder Spieler bekommt als Grundkapital drei Streichhölzer. Im weiteren Verlauf kommt es darauf an, diese Hölzchen möglichst zu behalten.
2. Einer mischt, läßt abheben und verteilt die Karten. Und zwar an jeden Spieler und zusätzlich in die Tischmitte verdeckt je drei. Die restlichen Karten werden nicht mehr benötigt und beiseite gelegt.
3. Nun nimmt der Geber die drei Karten von der Tischmitte auf und schaut sie an. Sagen sie ihm zu, dann sind das seine Handkarten, und die drei, die ursprünglich für ihn bestimmt waren, kommen offen als Tischkarten in die Mitte. Sagen sie ihm nicht zu, legt er sie offen als Tischkarten aus. Die drei ursprünglich für ihn bestimmten sind nun auch seine Handkarten. Egal, ob sie ihm zusagen oder nicht.
4. Links vom Geber beginnt nun Vorhand mit dem Kartentauschen. Und dann geht es reihum damit weiter. Jeder darf entweder seine *drei* Handkarten mit den *drei* Tischkarten vertauschen, oder *eine* seiner Handkarten mit *einer* der Tischkarten vertauschen. Niemals dürfen jedoch *zwei* Handkarten mit *zwei* Tischkarten vertauscht werden. Das Tauschen geht so vor sich, daß der Spieler zuerst eine oder drei seiner Handkarten offen auf den Tisch legt und dann eine oder drei der Tischkarten in die Hand nimmt.
5. Durch das Tauschen versucht man, entweder hochwertige Karten derselben Farbe oder gleichwertige Karten verschiedener Farben in die Hand zu bekommen. Die Wertungspunkte ergeben sich aus der Aufstellung links.
6. Wer nicht mehr tauschen will, klopft laut und vernehmlich auf den Tisch. Nun darf jeder der anderen Spieler reihum noch einmal tauschen oder ebenfalls auf den Tisch klopfen.
7. Hat der letzte rechts vom ersten Klopfer getauscht oder ebenfalls geklopft, werden die Karten aufgedeckt. Zwei oder drei Karten derselben Farbe zählen entsprechend viele Punkte. Drei Karten desselben Wertes zählen 30½ Punkte. Der Spieler mit den wenigsten Punkten muß nun ein Streichholz in die Mitte legen. Haben zwei oder mehrere Spieler gleichwenige Punkte, muß jeder ein Streichholz abliefern.

8. Einen Sonderfall gibt es noch: Bekommt einer drei Asse oder ein As und zwei Bilder derselben Farbe in die Hand, dann klopft er sofort auf den Tisch und ruft: »Feuer!« Er hat diese Runde gewonnen, und alle anderen müssen ein Streichholz ablegen.
9. Wer schließlich kein Hölzchen mehr hat, der »schwimmt«. Wenn er später noch einmal verliert, dann muß er ausscheiden. Die anderen spielen weiter, bis (bei gerader Anzahl der Spieler) die Hälfte ausgeschieden ist oder (bei ungerader Anzahl der Spieler) über die Hälfte ausgeschieden ist.
10. Die Abrechnung geht nun so vor sich: Bei gerader Anzahl bezahlen die Ausgeschiedenen eine Runde. Genaugenommen bezahlt also jeder Ausgeschiedene einem noch nicht Ausgeschiedenen ein Bier. Bei ungerader Anzahl bezahlt jeder der zuerst Ausgeschiedenen einem der noch nicht Ausgeschiedenen ein Bier. Der Mann in der Mitte, der zuletzt ausgeschieden ist, sitzt »auf dem Trockenen«. Er muß weder bezahlen noch bekommt er ein Bier bezahlt.

Trick siebzehn

Dreimal Ja

»Eine tolle Wette hab ich da auf Lager«, sagt Waldemar, der Wirt. »Es geht um eine Runde, und ich behaupte, du kriegst es nicht fertig, auf drei Fragen, die ich stelle, dreimal mit ›Ja‹ zu antworten.« Da will ich's wissen und geh drauf ein. »Also dann gilt's«, meint er. »Oder hast du Angst, du verlierst?« »Nein!« sag ich, und schon legt er los.

»Trinkst du ein Bier mit mir?«, fragt er. Darauf sag ich ganz spontan: »Ja!« – »Wie wär's mit einem Schnaps?« – »Ja!« natürlich. Doch schon kommt das dicke Ende: »Gibst du zu, daß du die Wette verloren hast?« – Au Backe, denk ich, sag ich »Ja!«, geb ich zu, daß ich verloren hab. Sag ich »Nein!«, hab ich erst recht verloren, weil ich nicht dreimal »Ja!« gesagt hab. Also mach ich gute Miene zum bösen Spiel, sag »Ja!« und bezahl die Runde.

Natürlich ärgere ich mich, und ich denk drüber nach. »Sag mal, Waldemar«, frag ich ihn, »ganz unter uns: Kommst du damit immer durch?« – »Im allgemeinen schon«, sagt er, »denn es gibt drei Möglichkeiten. Am liebsten sind mir Leute wie du, die auf die dritte Frage ›Ja!‹ sagen und zahlen. Dann kommen die, die ganz empört ›Nein!‹ rufen und damit tatsächlich erst verloren haben.« – »Eigentlich hab ich also gar nicht verloren?« frag ich ihn vorsichtig. »Das stimmt nur bedingt«, belehrt er mich. »Für Leute, die dreimal ›Ja!‹ sagen und dann nicht zahlen wollen, hab ich eine Notbremse eingebaut. Ganz am Anfang frag ich nämlich, ob sie Angst haben zu verlieren, und da sagen sie meistens ›Nein!‹ und merken gar nicht, daß das schon die erste Frage war. Doch wenn sonst alles glatt geht, verrate ich diese Variante erst gar nicht!«

Schnelle Trinker

»Wetten, daß du drei Glas Bier und drei Glas Schnaps nicht so schnell austrinken kannst wie ich?« sagt der eine zum anderen. Und da der andere als schneller Trinker bekannt ist und als einer, der viel vertragen kann, geht er auch auf die Wette ein. Eine zusätzliche Regel ist wohl klar, meint der eine noch, daß nämlich jeder nur seine Gläser anfassen darf und nicht die des anderen. »Klar«, sagt da der andere. Der Wirt stellt drei volle Biergläser und drei volle Schnapsgläser auf den Tresen, und der Zweikampf geht los.
Wie schafft es der eine, sich genau an die Regeln zu halten und dennoch das Spielchen zu gewinnen?

Hakentrick

Auf dem Tisch steht ein volles Glas Bier in einem Henkelkrug. Darauf liegt ein Bierdeckel, und auf dem steht ein leerer Henkelkrug. »Wetten, daß ich das untere Glas austrinken kann, ohne das obere zu berühren?« heißt die Herausforderung an diejenigen, die nicht nur trinken, sondern auch noch tüfteln wollen. Nein, nein, das obere Glas wird nicht hinuntergestoßen, kein anderer berührt es, der Deckel wird auch nicht in die Hand genommen. Keine Handschuhe werden benützt, alles geht ganz legal zu. Lediglich der Henkel des unteren Glases wird berührt, und das ist ja wohl das gute Recht dessen, der das Kunststück vorführen möchte.
Welcher kleine Trick ist der Haken an der ganzen Sache?

Fuchs und Affe

Da steht doch ein Typ an der Theke und möchte mit mir eine Wette abschließen. Er will mir verschiedene einfache Dinge vormachen, und ich soll sie nachmachen. Ob ich das kann? Ich laß es mir also erklären. Ein Bier braucht er dazu, sagt der Typ, einen Schnaps, eine Zigarette und Streichhölzer. Ich bekomm genau dasselbe, damit ich ihm alles nachmachen kann. Wenn ich es kann, bezahlt er, und sonst bin ich dran. Das ist alles.
Da fällt dem Waldemar, der ja bekanntlich ein kleiner Philosoph ist, eine Fabel von Lessing ein: »Nenne mir ein so geschicktes Tier, dem ich nichts nachmachen könnte!, so prahlte der Affe gegen den Fuchs. Der Fuchs aber erwiderte: Und du, nenne mir ein so geringschätziges Tier, dem es einfallen könnte, dir nachzuahmen!« Bin ich nun der Fuchs oder bin ich der Affe? Egal. Ich nehm die Wette an und der Typ legt los.
Zuerst trinkt er ein Drittel vom Bier, und ich mach es nach. Das war einfach. Dann zündet er die Zigarette an, und ich tu es auch. Kein Problem. Dann leert er den Schnaps in einem Zug. Das kann ich auch. Nun legt er die Zigarette in den Aschenbecher. Ich leg meine dazu. Jetzt kommt's, denk ich mir. Und tatsächlich, er hat mich hereingelegt. Wie?

Gläsertrick

Drei Gläser stehen auf dem Tisch. Jetzt dreh ich genau viermal je zwei um. Dann zeigen alle drei mit der Öffnung nach oben. Anschließend kannst du's auch probieren.

Achtung: Eins!
(links und Mitte drehen)

Zwei!
(links und rechts drehen)

Drei!
(Mitte und rechts drehen)

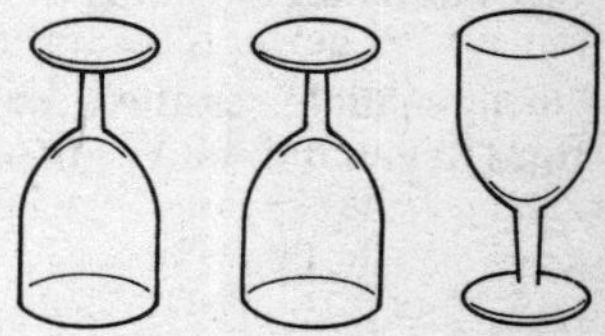

Vier!
(links und rechts drehen)

Alle drei zeigen mit der Öffnung nach oben!
(Mitte umdrehen)

Jetzt mach's mal nach! Wieso klappt's bei dir nicht?

Wetten daß ...

... du einer der langsamsten Trinker bist? Auf »Eins – zwei – drei!« fangen wir alle gemeinsam mit dem Trinken an. Wer als letzter sein leeres Glas hinstellt, hat verloren.

... du dieses Glas Schnaps nicht hochheben kannst, ohne einen Tropfen zu verschütten? Alle anderen werden sich ganz still verhalten und dich in keiner Weise stören. Ehrensache.

... du mir keine Ohrfeige geben kannst, obwohl wir beide auf demselben Bogen einer Zeitung stehen? Ich wehre mich nicht und halte meine Hände auf dem Rücken.

... du es nicht schaffst, die beiden Münzen, die auf dem Glasrand liegen, mit einer Hand auf einmal herunterzunehmen?

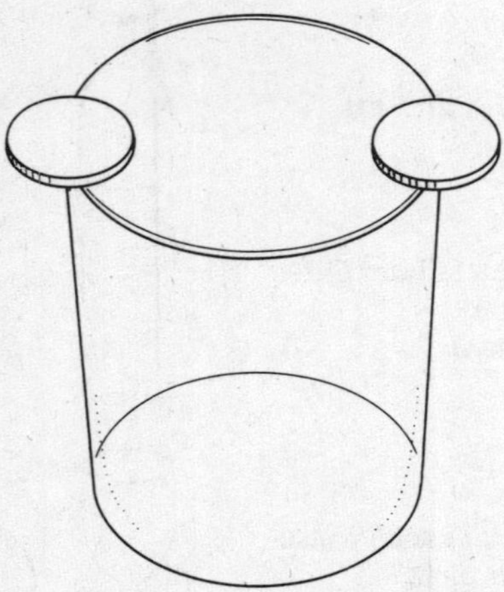

... du es nicht vertragen kannst, unter dem Tisch zu sitzen, während ich dreimal mit der Faust auf die Tischplatte schlage? Ehrenwort, ich werde dich nicht berühren oder sonstwie belästigen.

... du diese Flasche hier, die leer ist und ganz frei auf dem Tischtuch steht, nicht umpusten kannst? Ich schaffe es aber ganz leicht.

... du nicht durch eine Postkarte hindurchkriechen kannst?

... du die Münze, die auf dem geknickten Streichholz liegt, nicht in die Flasche hineinbekommst, ohne die Flasche, die Münze oder das Hölzchen zu berühren? Mir gelingt es aber sofort, und zwar ganz ohne die erwähnten Berührungen.

Volle und leere Gläser

Hier stehen sechs Gläser, drei volle und drei leere. Die Aufgabe: Nur eines darf bewegt werden, aber hinterher müssen die vollen und die leeren abwechselnd hintereinander stehen.

Liebliches Geläute

Die Stammgäste hören nichts lieber, als wenn ein Fremder am Strang des Glöckchens zieht, das über dem Tisch aufgehängt ist. Oder an die Schellen faßt, die herausfordernd über der Theke schweben. Manchmal ist es auch ein Hampelmann, der die Gäste schnell in Bewegung bringen kann. Ein guter Tip: Nichts anfassen, nirgendwo ziehen, am besten nicht einmal irgendwas ignorieren. Wieso?

10

Die letzte Runde

Sperrstunde

»Freunde, es wird spät«, sagt Waldemar. »In einer halben Stunde muß ich zusperren!« Nicht zu glauben, wie schnell die Zeit vergeht! Jeder von uns hätte noch ein Spielchen auf Lager, doch morgen ist auch noch ein Tag.
Eduard erzählt noch die Geschichte von dem gelähmten Bein. Die kenn ich schon. Ich hab selbst nicht geglaubt, daß das möglich ist. Wenn man sich nämlich seitlich an die Wand stellt, daß die linke Schulter, die linke Hüfte und der linke Fuß die Wand berühren, dann kann man sein rechtes Bein nicht länger als eine Sekunde vom Boden heben. Es ist gleichsam wie gelähmt.
Oder die Sache mit dem rohen Ei, das in die Flasche soll, ohne zu zerbrechen. Wenn man es lange genug in Essig legt, und wenn man es dann zwischen den Händen rollt, nimmt es eine längliche Form an. Wenn es dann in der Flasche ist, wird's wieder eiförmig.
Unglaublich, aber vielleicht wahr?

Eisbären

Einer knallt immer wieder mit dem Becher fünf Würfel auf den Tisch. Und dann sagt er, wie viele Eisbären zu sehen sind. Nach und nach kommen die anderen auch dahinter. Am Ende bleibe ich allein übrig und weiß es nicht. Wer kann mir helfen?

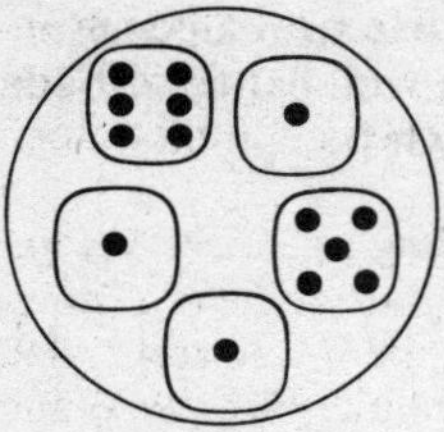
Vier Eisbären

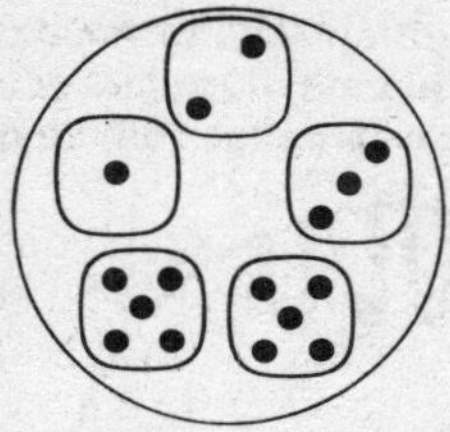
Zehn Eisbären

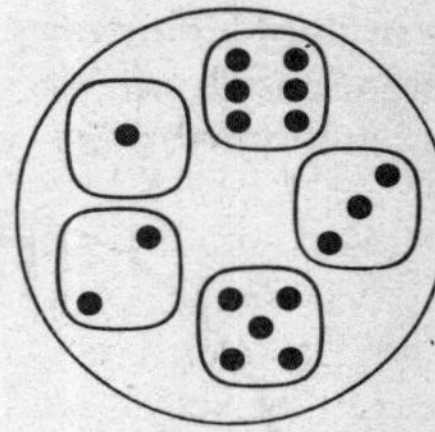
Sechs Eisbären

Zwei Eisbären

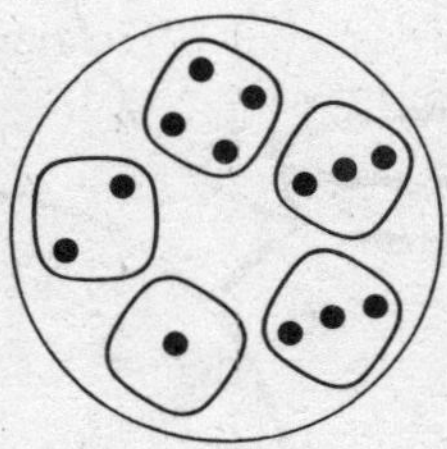
Vier Eisbären

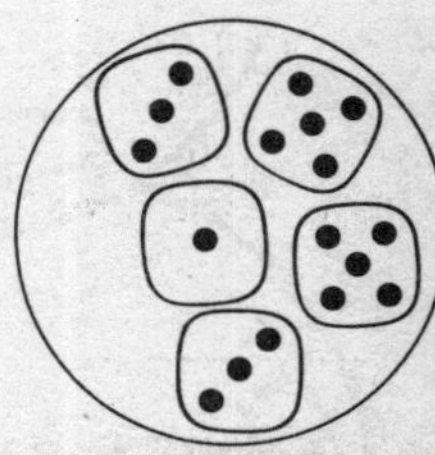
Zwölf Eisbären

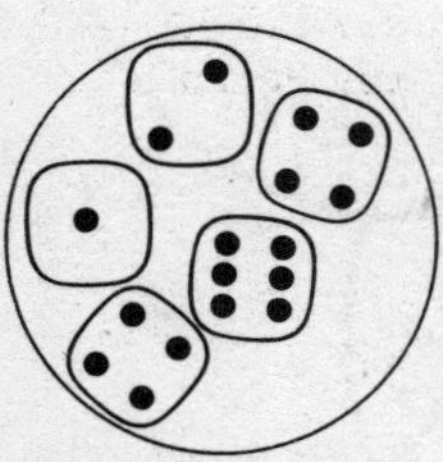
Null Eisbären

Acht Eisbären

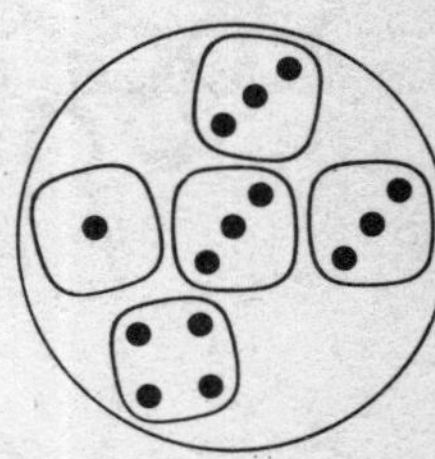
Wie viele Eisbären?

Drudeleien

Vor dem Heimweg sammle ich mir noch die Bierdeckel zusammen, auf die wir sogenannte »Drudel« gekritzelt hatten. Ob ich noch herausbringe, was das alles zu bedeuten hat?

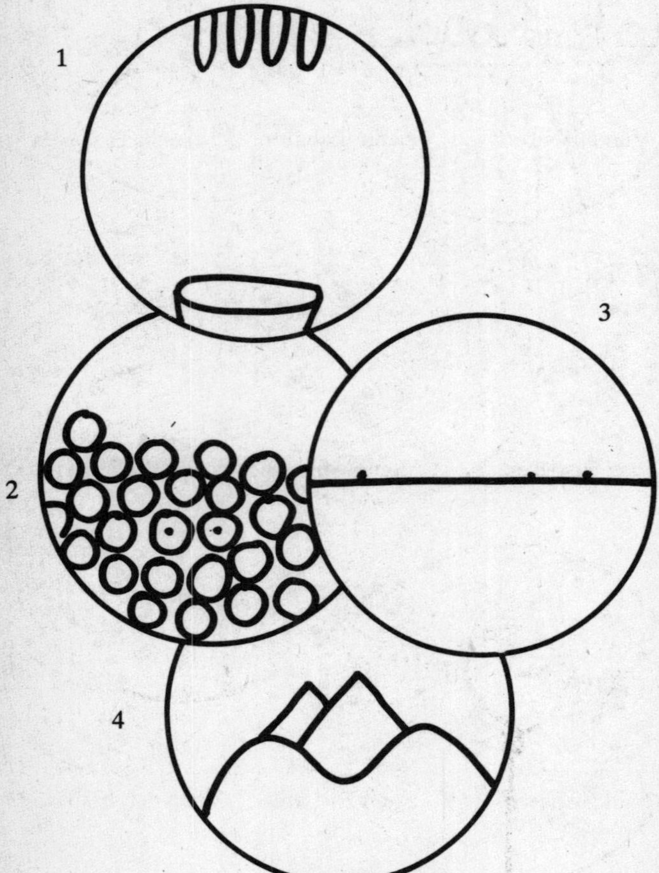

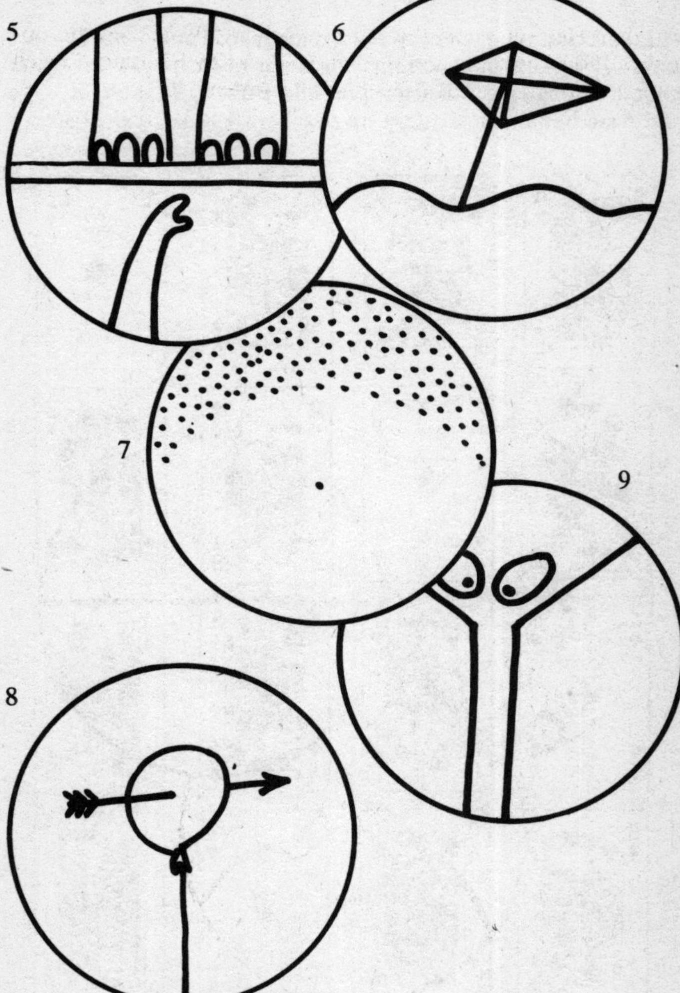
5
6
7
8
9

Magisches Quadrat

»Einen Trick gebe ich euch noch nach Hause mit«, sagt Waldemar. »Die Auflösung erfahrt ihr beim nächsten Mal.« Dann nimmt er aus einem Kartenspiel alle Buben, Damen, Könige und Asse heraus und ordnet sie zu einem 4 × 4-Quadrat an.

»Wie ihr seht, liegen jetzt in keiner Reihe und in keiner Spalte gleiche Farben oder gleiche Werte. Könnt ihr ein Muster finden, bei dem ebenfalls in keiner Spalte und in keiner Reihe gleiche Farben oder gleiche Werte liegen, und bei dem außerdem die schwarzen und die roten Karten ein Schachbrettmuster bilden?«

Packesel

Nun wird doch noch eine Runde ausgespielt. Allerdings geht es weder um Bier noch um Korn, sondern um eine Runde starken Kaffee. Jeder bekommt einen Haufen Streichhölzer. Reihum versucht jeder, ein bis sechs Hölzchen auf eine hochkant gestellte Streichholzschachtel zu packen. Wie viele Hölzchen es sind, wird durch einen Würfel bestimmt.
Der Turm wird höher und höher. Fallen aber Hölzchen herunter, muß sie der jeweilige Spieler an sich nehmen, der das verursachte. Wer alle Streichhölzer loswerden konnte, darf ausscheiden.

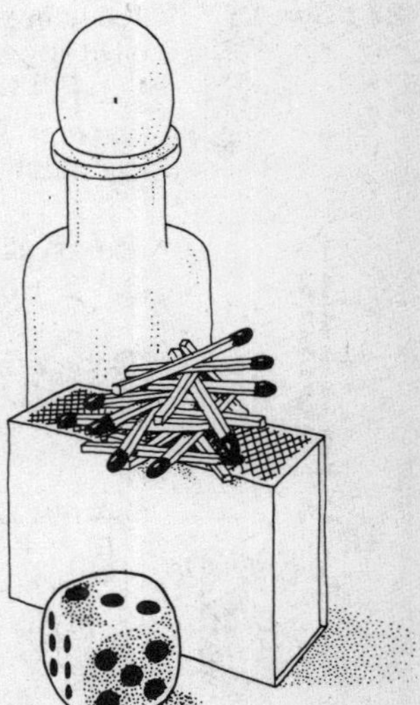

Die Gegenprobe

Da schickt doch der Meister seinen Lehrbuben zum Einkaufen. 24 Weißwürste soll er bringen, denn der Meister möchte mit seinen vier Gesellen und dem Lehrbuben Brotzeit machen.
Der Bub bringt die Würste, und der Meister fragt ihn: »Nun, wie viele bekommt jeder von uns?« Der Lehrbub fängt zu schreiben an:

24 : 6 =	Wie oft geht 6 in 24? Genau weiß er es nicht, aber einmal bestimmt. Er schreibt also eine 1 dazu:
24 : 6 = 1	Jetzt ist es einfach. $1 \times 6 = 6$, bleiben 18 übrig. Darin ist 6 dreimal, das weiß er, und schreibt noch eine 3 hin:
24 : 6 = 13	Jeder bekommt 13 Weißwürste! Der Meister wird stutzig. Kann das sein? Sechs Leute und jeder 13 Würste? Da muß er eine Gegenprobe machen. Er schreibt sechsmal 13 untereinander und fängt selbst zu rechnen an:

$$\begin{array}{r} 13 \\ 13 \\ 13 \\ 13 \\ 13 \\ 13 \\ \hline 24 \end{array}$$

Zuerst zählt er die Einer zusammen:
$3 + 3 + 3 + 3 + 3 + 3 = 18$.

Dann zählt er die Zehner dazu:
$18 + 1 + 1 + 1 + 1 + 1 + 1 = 24$.

Jawohl, es stimmt!

11

Die Lösungen

Auf dem Holzweg

Vier Pärchen

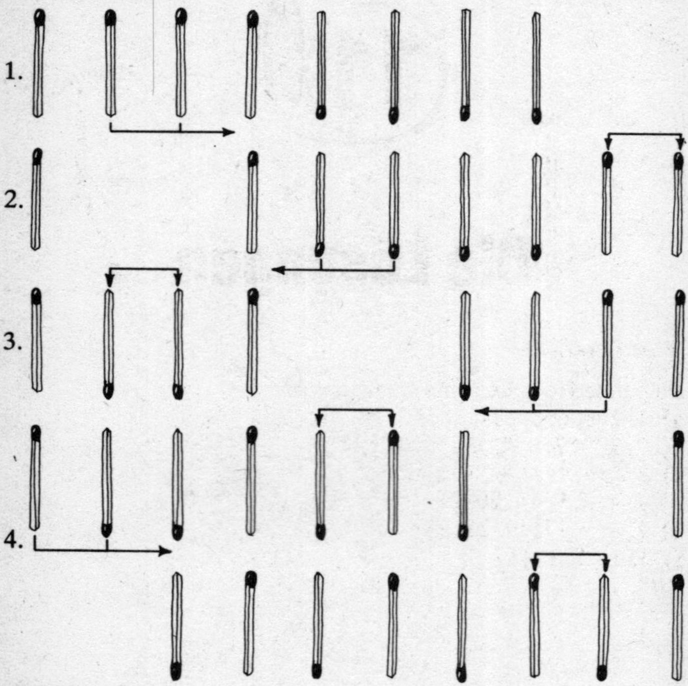

Fünf Kreuze

Es gibt mehrere Lösungen. Zwei davon sind folgende:
a) 5 auf 2, 7 auf 10, 3 auf 8, 9 auf 6, 1 auf 4
b) 4 auf 1, 7 auf 3, 5 auf 9, 6 auf 2, 10 auf 8

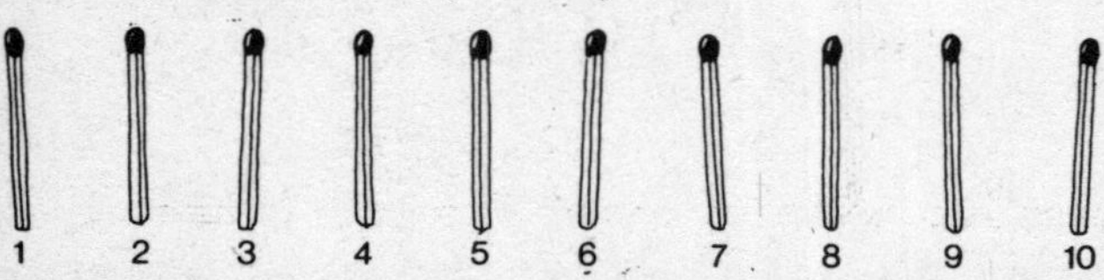

Drei Vierecke

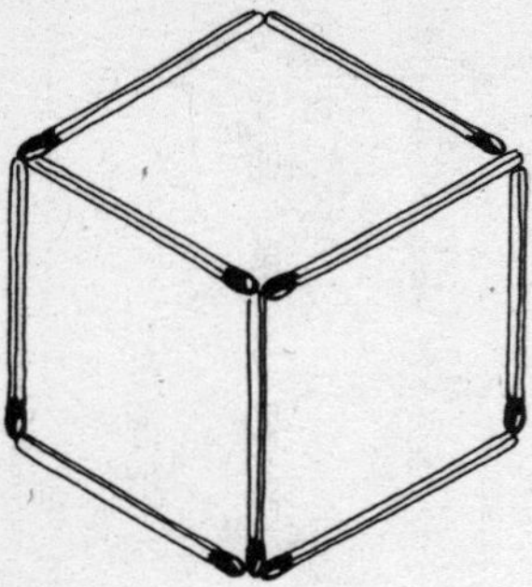

Der Hirsch

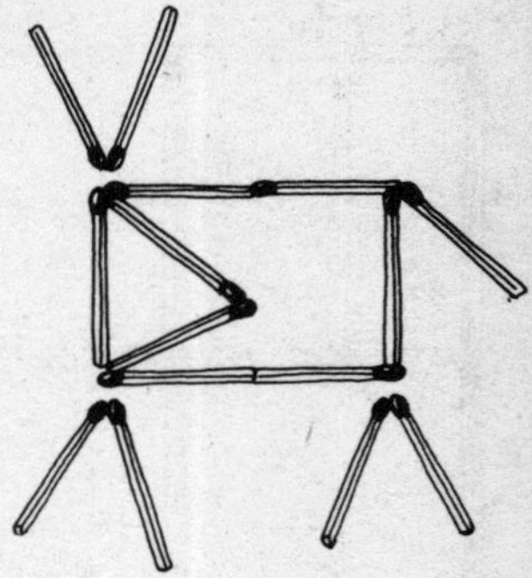

Vier Quadrate

Folgende Hölzchen sind wegzunehmen.
a) 1, 2, 5, 6, 10, 11, 14, 15, 19, 20
b) 2, 3, 4, 7, 8, 9, 13, 18, 22
c) 2, 4, 9, 11, 13, 18, 20, 22
d) 1, 4, 5, 9, 16, 20, 21
e) 2, 4, 9, 14, 19, 21
f) 3, 6, 10, 11, 15

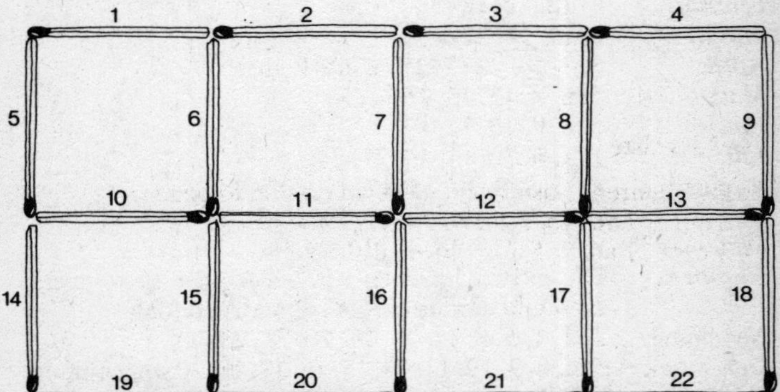

Das Jahresrätsel

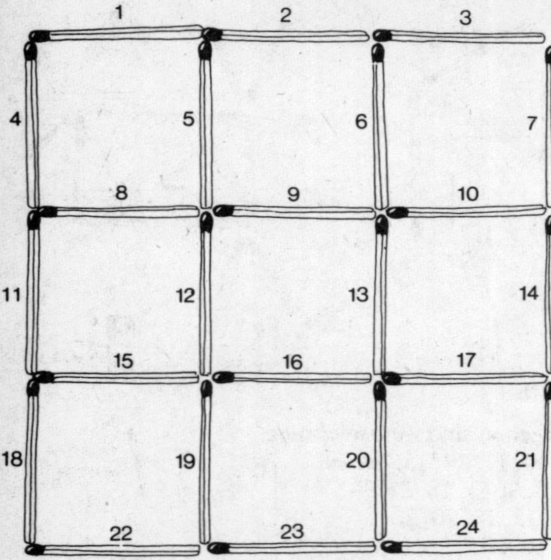

Januar:	2, 11, 14, 23
Februar:	9, 12, 13, 16
März:	2, 14, 18, 22
April:	3, 7, 18, 22 (7 kleine und 2 große)
Mai:	5, 6, 8, 13, 15, 16
Juni:	5, 8, 9, 10, 12, 19
Juli:	1, 4, 6, 10, 15, 19, 21, 24
August:	a) 5, 6, 8, 10, 15, 17, 19, 20
	b) 6, 8, 9, 10, 13, 15, 19, 20
September:	2, 9, 11, 12, 13, 14, 16, 23
Oktober:	Dieselben Hölzchen wie bei August a) wegnehmen und daraus ein 2×2-Quadrat bilden
November:	1, 2, 4, 5, 8, 11, 14, 17, 20, 21, 23, 24
Dezember:	5, 6, 8, 9, 10, 12, 13, 15, 16, 17, 19, 20 wegnehmen und daraus ein 3×3-Quadrat bilden

Römische Gleichungen

a
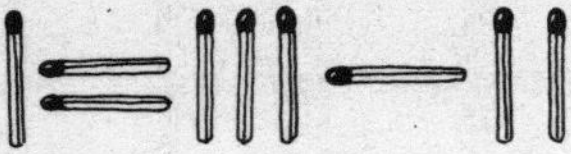

b
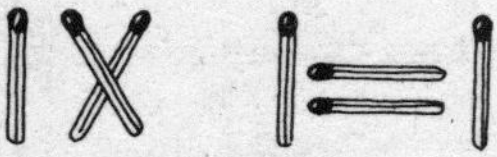

1 × 1 = 1

c
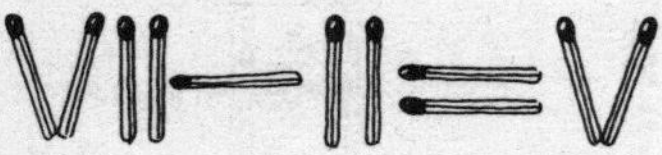

d
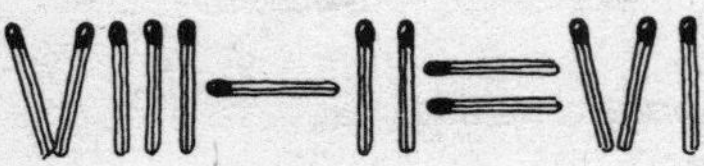

d2
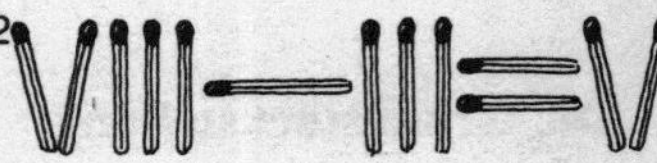

e
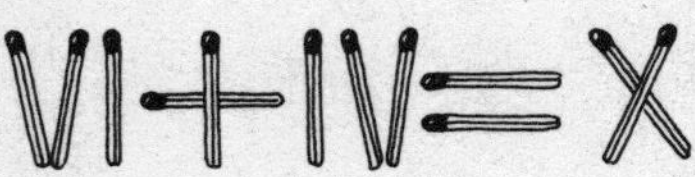

e2

f
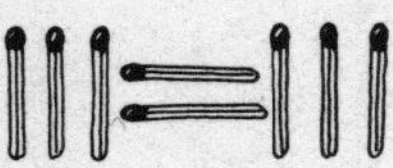

f2
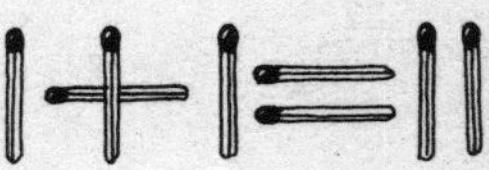

g
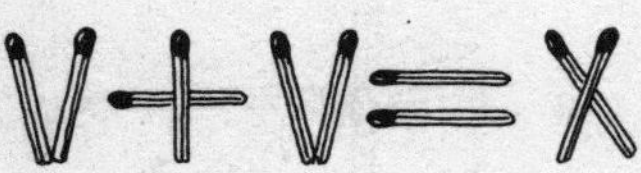

g2
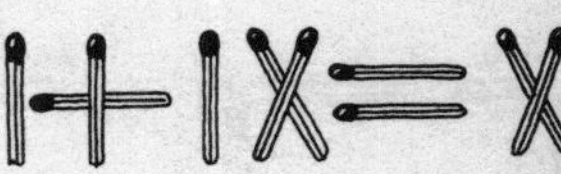

h
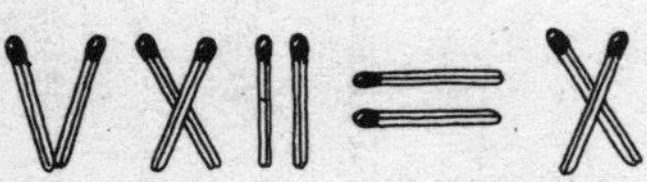

5 × 2 = 10

i
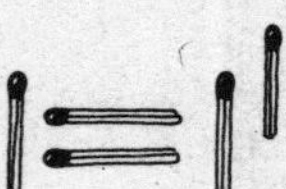

1 = 1 hoch 1

k
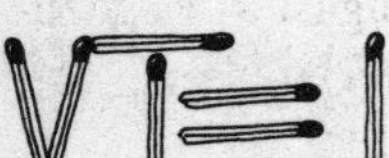

Wurzel aus 1 = 1

l
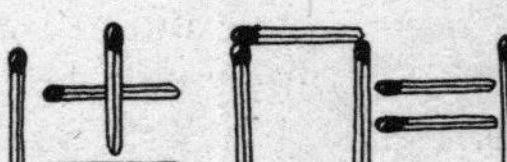

1 plus/minus 0 = 1

Vier Dreiecke

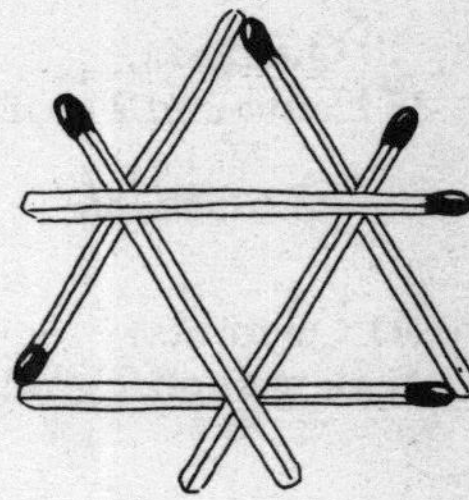

Der Tempel

a) 10 Quadrate,
8 kleine und 2 große

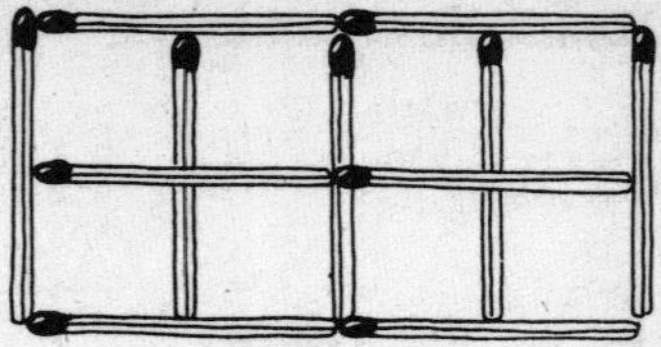

b) 11 Quadrate,
9 kleine und 2 große

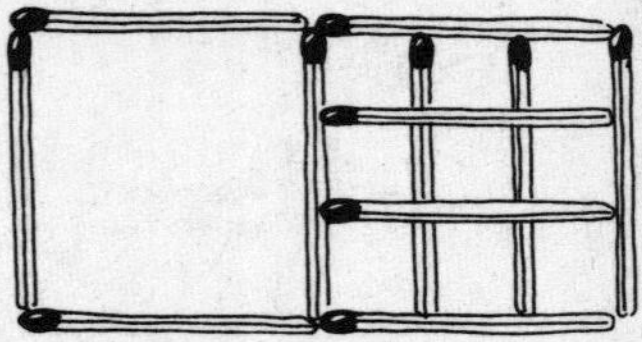

Die Grundstücksteilung

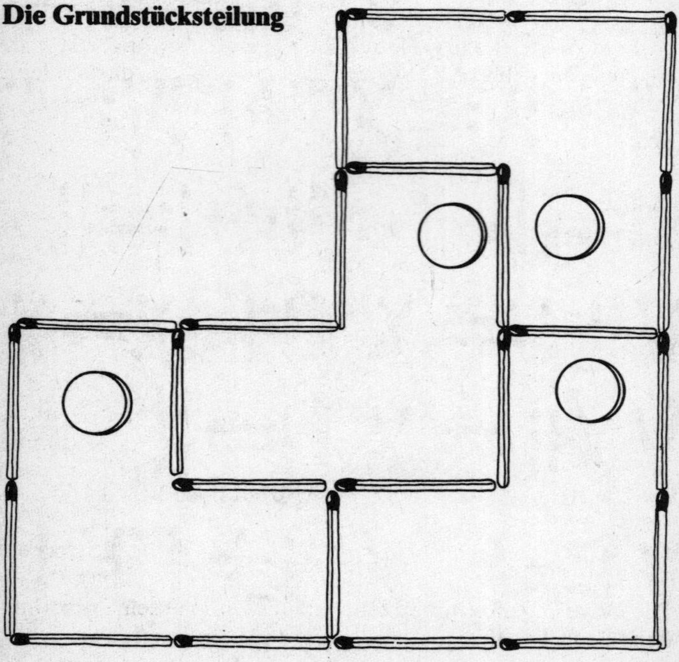

Der kleine Affe

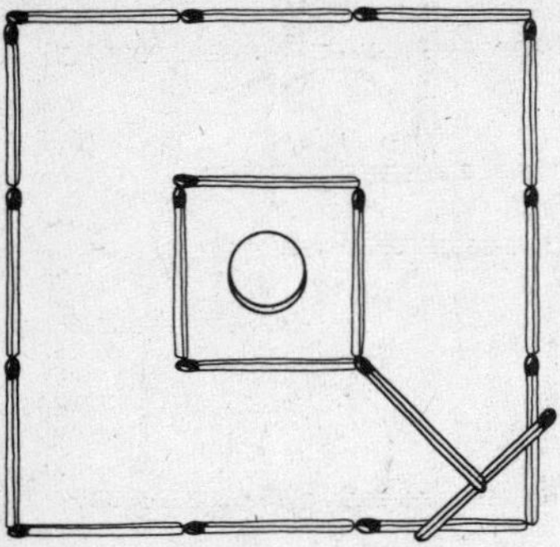

Der Fischteich

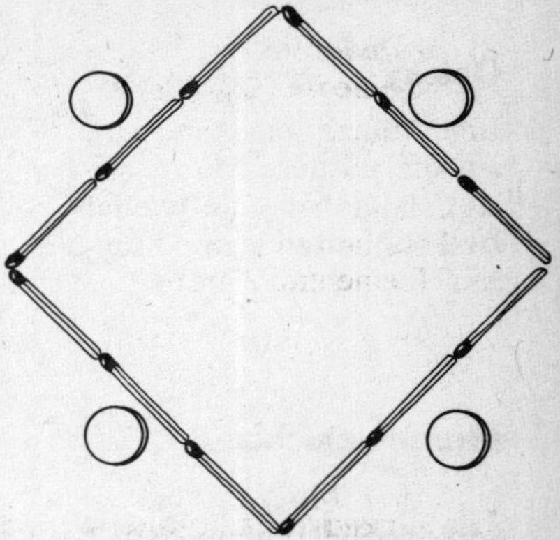

Auf die zweite Frage (»Hätten Sie's gewußt?«) antwortet man: »Wenn's der große Affe nicht weiß, wie soll's denn da der kleine Affe wissen!«

Das Cocktailglas

Zuerst so:

Und dann so:

Die Olive liegt nun außerhalb, und das Glas hat seine ursprüngliche Form behalten.

Eine runde Sache

Quicky

Eine Münze vom Rand wird auf die mittlere Münze gelegt. Nun hat man wieder zwei Reihen zu je drei Münzen.

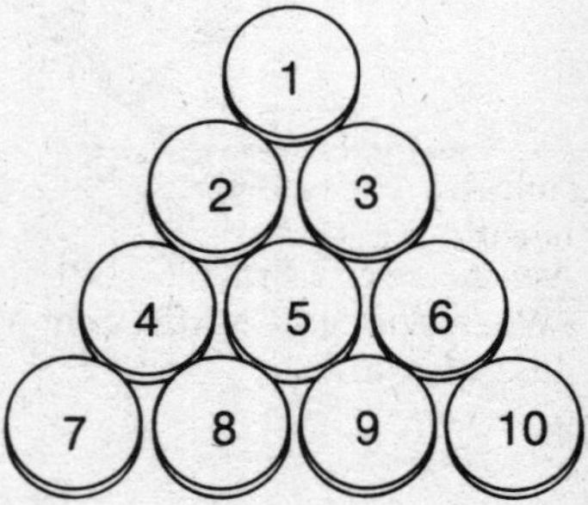

Münzenschieben 1

Nur drei Münzen sind zu verschieben: 1 unter 8/9, 7 rechts von 3/6, 10 links von 2/4. Nun liegt die Spitze des Dreiecks unten.

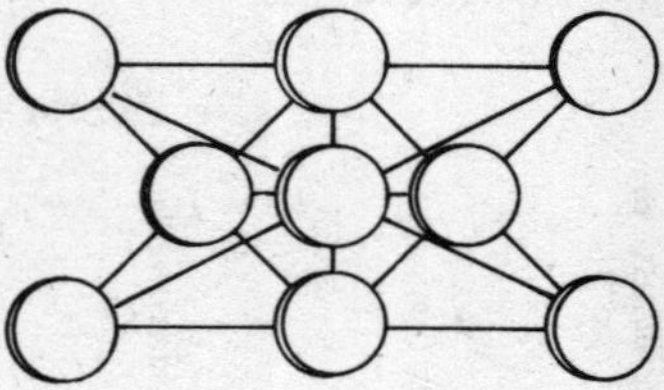

Dreierreihen

So angeordnet bilden neun Münzen zehn Dreierreihen.

Platzwechsel

Wir numerieren die Felder im Geist von 1 bis 7. Dann wird wie folgt gezogen:
3–4, 5–3, 6–5, 4–6, 2–4, 1–2, 3–1, 5–3, 7–5, 6–7, 4–6, 2–4, 3–2, 5–3, 4–5.
Das sind genau 15 Züge und nicht mehr!

Münzenschieben 2

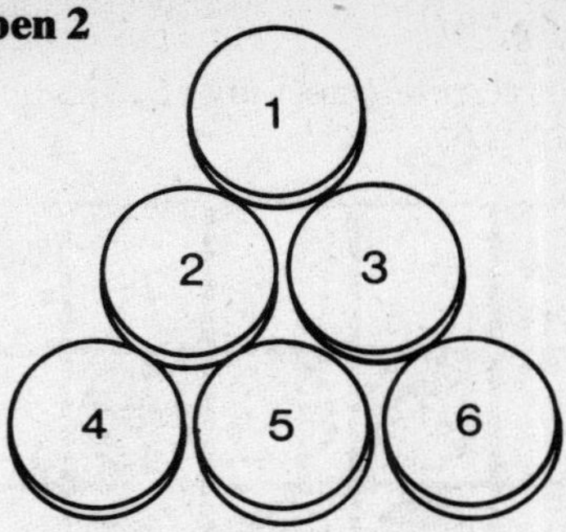

Zunächst 1 verschieben
(berührt 2 und 4):

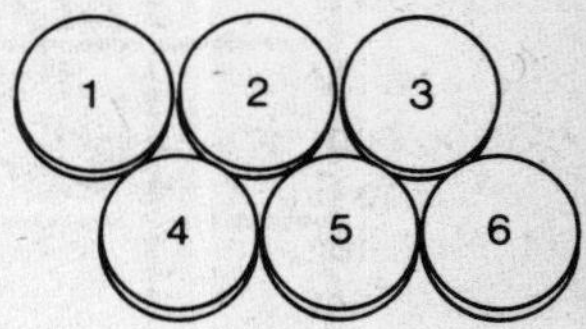

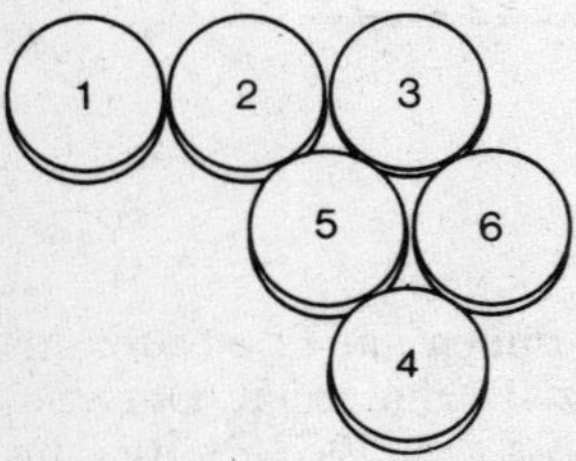

Dann 4 verschieben
(berührt 5 und 6)

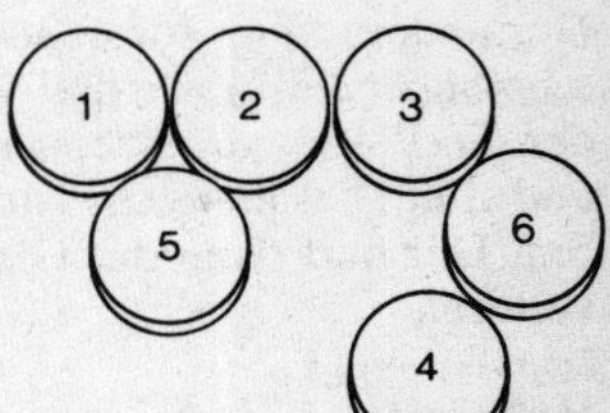

Dann 5 verschieben
(berührt 1 und 2):

Schließlich wird noch 1 verschoben (berührt 5 und 4), und das Sechseck ist fertig.

Solitär

Es wird wie folgt gesprungen. 5 über 8, 9, 3 und 1. 7 über 4. 6 über 2 und 7. 5 über 6.

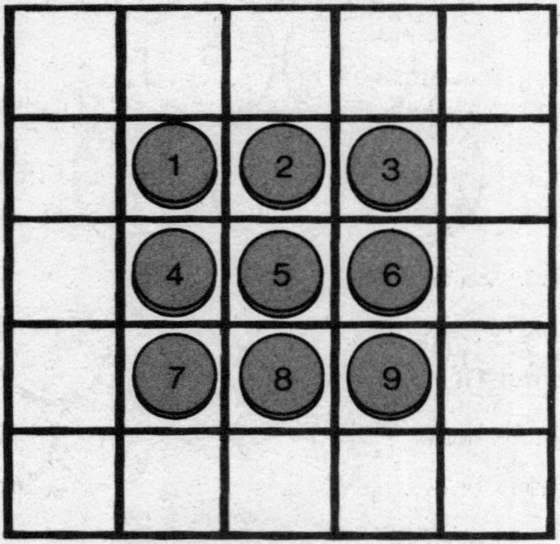

Trick siebzehn

Schnelle Trinker

Der andere fängt sofort schnell zu trinken an. Es ist unwahrscheinlich, daß er alle drei Schnäpse zu Beginn trinkt. Der eine, der die Wette vorgeschlagen hat, trinkt gemütlich ein Bier aus und stülpt das leere Glas über ein volles Schnapsglas des anderen. Der darf dann das Glas des einen nicht anfassen und hat verloren.

Hakentrick

Der Name des Spiels sagt bereits alles. Der Herausforderer nimmt das untere Glas beim Henkel, trägt beide Gläser zur Garderobe und hängt dort das obere Glas an einem Haken auf. Er hat es nicht berührt!

Fuchs und Affe

Der Typ hat den Schnaps nicht hinuntergeschluckt. Er spuckt ihn wieder in das Glas hinein.

Gläsertrick

Wenn man genau hinsieht, merkt man, daß die Ausgangssituationen unterschiedlich sind. Wenn man den Trick selbst vorführt, zeigt die Öffnung des mittleren Glases nach oben. Wenn es der andere versucht, zeigt die Öffnung dieses Glases nach unten.

Volle und leere Gläser

Man hebt das zweite Glas hoch, schüttet den Inhalt in das fünfte und stellt es wieder hin.

Liebliches Geläute

Ein ungeschriebenes Thekengesetz besagt, daß derjenige, der ein Geläute auslöst, eine Runde zu bezahlen hat.

Wetten daß ...

a) Der letzte, der gemütlich austrinkt, hat dennoch gewonnen. Er legt sein leeres Glas nämlich hin.
b) Auf das Glas wird ein Staniolpapier aus einer Zigarettenschachtel gelegt – Silberseite nach unten. Darauf kommt ein Bierdeckel. Jetzt kann man das Ganze umdrehen und auf die Theke stellen. Zuletzt wird der Bierdeckel vorsichtig weggezogen. Nun kann man das Glas nicht mehr hochheben, ohne daß der Schnaps herausrinnt.
c) Beide stehen zwar auf einem Bogen der Zeitung, doch der liegt auf der Türschwelle, und die Tür ist geschlossen.
d) Eine Hand hält das Glas, die andere kippt die Münzen mit Daumen und Mittelfinger an den Rand und läßt sie nach unten gleiten, bis beide Münzen in der Hand liegen.
e) Nach dem zweiten Schlag wird verkündet: »Den dritten mache ich in einer Woche!«

f) Unter dem Tischtuch liegt eine Plastiktüte. Wenn man die aufpustet, fällt die Flasche um.

g) Die Postkarte wird einmal zusammengefaltet. Dann werden beide Hälften an den angegebenen Linien eingeschnitten. Schließlich wird die Faltkante von A bis B aufgeschnitten. Es ergibt sich eine lange Kette, durch die man bequem »kriechen« kann.

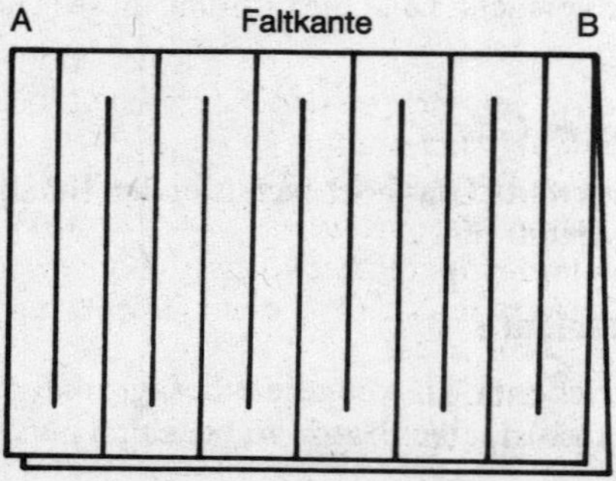

h) Auf den Knick wird ein Tropfen Wasser geschüttet. Das Streichholz streckt sich, und die Münze fällt in die Flasche.

Die letzte Runde

Eisbären

Der mittlere Augenpunkt gilt als Loch im Eis, um das die Eisbären herumsitzen. Eine Eins hat also null Bären, eine Drei hat zwei und eine Fünf hat vier Bären. Zwei, Vier und Sechs haben kein Loch in der Mitte, also auch keine Bären.

Drudeleien

1. Hohe Kuh
2. Nackttänzerin versteckt sich in einem Haufen Grapefruits
3. Sexbombe in der Badewanne
4. Kamel vor den Pyramiden
5. Elefanten fahren Paternoster
6. U-Boot-Kommandant läßt Drachen steigen
7. Bazillen distanzieren sich von einem mit Penicillin verseuchten Kollegen
8. Tapferer Luftballon
9. Doppelter Martini (mit zwei Oliven)

Magisches Quadrat

Eine von 576 möglichen Lösungen ist folgende.

1. Reihe: Herz-Dame, Kreuz-König, Karo-Bube, Pik-As
2. Reihe: Kreuz-Bube, Herz-As, Pik-Dame, Karo-König
3. Reihe: Karo-As, Pik-Bube, Herz-König, Kreuz-Dame
4. Reihe: Pik-König, Karo-Dame, Kreuz-As, Herz-Bube